あいうえおの起源

身体からのコトバ発生論

豊永武盛

講談社学術文庫

序にかえて

S・フロイトが患者の精神分析過程で起こる、もの忘れや言いまちがいに気づき、それらを抑圧の証左としたことはあまりにも有名である。これは思い出したくない苦い体験などのため、自我がそれらを抑圧し防衛しているのだとしたのである。治療者がこのとき患者の示す抵抗をやわらげると、患者はその情景とともに真実のできごとを想起し、解釈によって洞察へと導かれるといい、このことが患者の自我をより自由にし強めることにつながり、それが精神分析治療の目的にかなうと考えた。

C・G・ユングはフロイトとの出会い以前にかの有名な連想実験を行い、ある刺激語を投げかけ、それから連想される語を選ばせる際に、この意味あいの部分にコンプレックスを持つ患者はその語群の反応時間が延びるのを見ていたのである。

S・フロイトの抑圧内容にしろ、ユングのコンプレックスにしろ、本来は言語とのかかわりで見いだされたはずなのに、いつしか自我や無意識の構造の問題にすり替えられた感がある。

J・ラカンは「無意識は言語の構造に似ている」といい、「言語学者としてのフロイトに帰れ」と主張する。そして「分析活動とは、主体（患者）の欲求を言語につなげることだ」と規定した。しかしラカンの理論はあまりにも難解で、それが真に日本語に消化されるまでにはなお時間が必要だと思われる。

日本語「甘える」をもって、この問題に関心を持ちつづけたのは土居健郎《たけお》氏である。氏は、「甘える」という依存欲求の挫折である「すねる」「ひがむ」「ふてくされる」「うらむ」など「甘え」を取り巻く語群が、いかに日本人の心情や神経症の心性に当てはまるかにまず気づいた。

ところが欧米にはこの「甘え」に当たる語がない。それは欧米では育児のときに「甘え」を許さない傾向があることと関連していると考えられる。このことは、氏をして本能衝動や欲求と「コトバ」との連なりということに視点を向けさせ、「言語学の方からいえば、個々の言葉の由来を説明する語源に関することになるであろうが、精神分析の立場からすれば言語と無意識的心理過程の連なりが知りたいのだ」といわしめる。事実、氏は「甘ゆ」の語源を探求したいと願い、「乳児語ウマウマ、旨《うま》し、天《あま》……」などと思いめぐらすのである。

このように本能衝動—コトバの源を探っていくということは、幼児の言語獲得の詳細を知ることであり、究極的には人類の言語の起源へと迫るものであらねばなるまい。ところが、土居氏も失望したように、現代言語学はソシュールの神話「音形と意味は恣意的である」という壁で閉ざされてしまっているのである。

本著のはじまりは、この「音形と意味の恣意性」を打破するための彷徨《ほうこう》とでもいってさしつかえないだろう。つまり「音とその失われた原初的な意味」の連なりを日本語のなかでさ迷ってみる試みだといえるだろう。それゆえ、本著の第一章では、さまざまな精神障害やその治療において、コトバの問題がまず取り上げられることになる。そしてそれは幼児の言語獲得の問題へとわれわれを誘うであろう。

第二章では、「意味のひろがり」の法則を検討してみよう。これらの法則を利用すると、日本語のうちいくつかの語の同源性やそのときの「呪術的思考」などが浮かびあがるのを、知ることができるはずである。

第三章では、二音節動詞の語尾の分析を行ってみよう。つまり同じ語尾を持つものは、同じ意味範囲にあるのではないかという検討である。ここにおいて「同音には同じ意味」があったという、反ソシュール的見解が打ち出されることになろう。さらに日本語の漢語渡来以前のいわゆる大和《やまと》コトバのうち、すくなくとも二音節動詞は、比較言語学者らのいうように混合言語ではなく、きちんとした「音に意味」の系列があったことが語られるであろう。

第四章で、二音節動詞の語頭名詞を帰納してみよう。

第五章では、日本語の起源を述べ、さらにそれはコトバの起源、つまり、あいうえおの起源を示唆してくれよう。

第六章で、ふたたび幼児の言語獲得や精神の病を検討したい。

このように本著は、精神の病―幼児の言語獲得への疑問から出発し、「子どもの言語獲得は、人類のそれの繰り返し」ではないかという仮説のもとに、「日本語」の分析を行い、その結論がふたたび、幼児や精神障害のコトバの問題に光を与えてくれるはずだという構成になっている。つまり本著は土居氏のいった「精神分析でいう無意識的過程と言語との連なり」という未解決な問題を、実際の日本語という言語の真の起源を求めることで穴埋めしてみようとする試みなのである。

しかし、筆者が精神医学徒という、日本語学とはまったく畑違いの門外漢であったため、さまざまな先達の教えを乞うことから始めねばならなかった。

恩師西園昌久教授の紹介により、最初の草稿「二音節動詞語尾音」をかかえて、九州大学国語学名誉教授、春日和男先生の門を叩いたのが、たしか一九七七年の真夏の昼さがりであった。汗をふきふき、心を押さえながら坂道を登りつめたところに、古いが荘厳な先生のお宅があった。以来、半年に一度くらい原稿を持参したが、いつも赤鉛筆で線が引かれ、「論をなしていない」という注意書きが付してあった。

一度も褒《ほ》められたことはないが、もうこれまでと投げ出そうという心境になったとき、「この考えは棄てないでくださいよ」と先生にたしなめられたことが思い出される。先生のきびしさと、このやさしさがなかったならば、本著が陽の目を見ることはなかっただろう。先生の学恩に感謝するばかりである。

さらに本著の草稿はその後数回にわたり、「福岡精神科集談会」で発表させていただき、先輩や若き精神科医とのディスカッションのなかでじょじょにまとまっていったのである。コトバの探究とは、自己のなかで瞑想するだけではだめで、やはり他人の前で語らないと本物にならないことを知った。このような語る場をお与えくださった九州大学、中尾弘之教授に感謝申し上げよう。

初版本は自費出版として一九八一年二月にできあがったが、内容が学際的に広いことと、母国語（日本語）全体にかかわっているため、その道の碩学《せきがく》にお送りすることにした。さまざまな方から貴重な御意見をいただいたが、そのうち二、三の方々にとくに感謝申し上げたい。

国語学では京都大学名誉教授、阪倉篤義先生である。先生の学説とはほど遠い拙説に、「方法論の確立、語彙の矛盾」などを御指摘くださった。さらに大阪外国語大学、吉田金彦教授にもお礼を申したい。大きなお心で、先生の主宰される「日本語語源研究会」に入会するようお誘いくださり、道しるべをお与えくださった。

精神分析学関係ではさまざまの方々に勇気づけられた。とくに土居健郎教授にお礼を申したい。何度となく私をはげますお手紙をくださり、御自身によるアドバイスだけでなく、お弟子さん方にも拙著を配って読後の感想を送るようにと指示してくださった。

これらの無数の御助言にお答えできたかどうか心もとないが、講談社、堀越雅晴氏のすすめもあり、初版本を縮小し、とくに身体と言語に焦点をしぼって新たに書き下ろしたのが本著である。このようなアイディアに蛮勇《ばんゆう》をふるって支持してくださった堀越氏に深謝するばかりである。

最後に私は、私の患者さんたち、さらに私の子どもたちに感謝しようと思う。彼らこそ本著の主人公なのだから……。

一九八二年八月二九日

著者しるす

目次

あいうえおの起源

——身体からのコトバ発生論

第一章　コトバ分析への道

1――コトバと精神の病

コトバと意味の分離

しばらく精神科医をしていると、さまざまな患者のコトバの乱れに接することができる。筆者が大学精神科に入局して与えられたテーマは、離人症という奇妙な訴えをする患者たちの精神病理と治療についてであった。(1)

彼らは「美しいものを見ても美しいと感じません。ヴェールをかぶったようで生き生きと実感としてわいてきません」などと外界との異和感、非現実感、疎隔感などを訴え、さらに質問すると、「自分が自分でない」などの自己自身に対する同様な訴えとともに、「身体《からだ》もまた自分のものではないようだ」というふうに、身体に対する「離人症状」をも持っているのが普通であった。

彼らの「外界、自己、身体」に対する非現実感（実感のなさ）は最初は混沌としていて、はげしい情動体験の持続ののちに、「ピーンと張りつめていた頭の筋が切れた」ように突然あらわれ、それがいったいいかなることか、自分自身でも茫然自失してしまっていて「コトバ」にならないらしい。

このような混沌のなかでも、うまく精神科医にめぐり会って、「君の状態は、実感がわかないと表現できるようなことではないかね?」と質問されてはじめて、「実感がわかない?それです、そのコトバのとおりです」と彼らは自分の症状にぴったりとするコトバを与えられ、安堵するのである。つまり彼らは、外界にもおのれにも身体にも意味を失い、その症状を説明する「コトバ」さえ失っている人びとなのである。

しばらく彼らと精神療法や精神分析などの面接でおつきあいをしていると、しだいに攻撃性が前面に出てくるのを知ることがある。しかも治療者や他のスタッフを攻撃するコトバは、辛辣《しんらつ》で、こちらの心情などおかまいなしなのである。これでよくも「実感がわかない」などといえたものだという気に治療者はさせられる。そこで彼が冷静なときに、「君は僕に腹を立てた。怒りという感情は体験できましたか?」と質問してみると、彼は首をかしげながらも、怒りの感情だけはわいていたのを喜ぶ。

このような患者との長いつきあいのなかで、筆者は、コトバと感情ないし意味の分離というものを知らされることになったのである。

つまり、コトバに感情が付加されず、コトバと意味が遊離するとき、人は自己の身体および、外界とのあいだに生き生きとした体験を失ってしまうのではあるまいか。これが、彼らと接しての〝実感〟であった。

　これらの症状は、感覚の異常とか自我の分裂、自我の防衛などというさまざまな立場から説明されているが、なおまだ定説はない。

　筆者は、「コトバの習得の失敗」ではないかという「コトバ」の側面を見逃すべきではないと考えるようになっていった。

　さらに重篤《じゅうとく》な統合失調症者のコトバの乱れはすさまじい。支離滅裂とか、「コトバのサラダ」と表現される統合失調症者のコトバは、まったく意味として伝わってこないから、精神医学は伝統的に「思考の異常」という章をもうけて、思考の連鎖などが途切れた状態（思考途絶、または連想弛緩《しかん》）などと「思考」を重視し、「コトバ」や「言語」を軽視してきたきらいがある。このことは、「コトバ」をたんなる記号と見なし、思考を伝える手段にしかすぎないという「ソシュール以来の神話[2][3]」に毒されていることと無関係ではなかろう。

　現代人であればあるほど、相手と対話するとき相手は何を考えているのか、その「思考や考え」を聞こう、知ろうというのが対話だと考えがちだからである。それゆえ「コトバ」は思考の背景にしりぞいてしまうのではなかろうか。

「精神の病」⇅「コトバの異常」

そこでさらに統合失調症者のコトバや意味の世界をのぞいてみることにしよう。彼らは、おのれだけが勝手に意味づけた「言語」を新しくつくりだし（新語創作）、他人のコトバや身ぶりに勝手な意味づけ（関係妄想、念慮）も行う。

さらに自己の身体への意味づけでも唐突で、「腹が腐っている」「脳が溶けはじめた」などと、意味は歪曲され変貌してしまっているのがわかる。そしておのれの身体がこのように奇妙に破壊されたと主張し、それは外界の特定な他者や組織によるしわざであるなどという妄想的意味づけを起こすことが多い。このように、統合失調症者のコトバの持つ、おのれ自身の身体や外界への意味づけは、歪曲・変貌しているため、他者からは〝了解不能〟[4]なものと映るのである。

躁うつ病者のコトバは、統合失調症者のごとく〝了解不能〟ではないにしろ、躁病者のコトバは観念が飛び脱線するなどと喩えられ、観念奔逸《ほんいつ》と呼ばれる。コトバが次々に飛び出し、身体は軽やかで、外界の対象を次々と求めてまわる。彼らのコトバのごとく、身体も外界も飛びはねているように映る。

逆に抑うつ状態になると、沈黙が続き、「身体が癌に冒されている」「家が貧乏になってしまった」などと、身体や外界（家）は侵され、傷ついているという観念にとらわれる。とくに外界の変化が、うつ状態を引き起こすものとして、初老期女性の「引っ越しうつ病」と、男性では「昇進うつ病」というのが有名である。

まず女性にとっての外界は「家」であるといってもさしつかえないくらい、女性と家とは心理的に結びついている。この住み慣れた家を引っ越すことは、とまどいやひっこみ思案に陥らせる原因となり、「うつ病」に転落しやすい状況をつくらせるためだと考えられる。

他方男性にとっては、職場そのものが権力欲や支配欲をみたす戦場であり、それは自己の投影とでもいいうると思う。ところが「うつ病」になる人は、真面目、几帳面すぎるため、さらに多くの部下を支配せねばならないような地位などの昇進があったとき、ダウンしてしまうのであろう。

ここでは「外界の変化」（引っ越し、昇進）による「うつ状態」という意味で注目してみたが、見逃すことのできない背景として、患者の初老期における身体の不調や老化への不安がその根底にはある。その身体的な不安定性が、外界の変化に対して「抑うつ反応」を引き起こさせたとも見ることもできるであろう。その証拠に、逆の身体的な愁訴《しゅうそ》ばかり訴えているが、実はその裏には「うつ病」が存在するという、仮面をかぶったうつ病という意味で「仮面うつ病」といわれる病が増えているなど、うつ状態の背景の身体性も見逃せないからである。

このように、身体（仮面うつ病）⇅外界（引っ越し、昇進）の変化に対応できずに、「うつ病」に陥ると、コトバは制止し、緘黙《かんもく》といわれるごとく他者とは交通せず、思考も悲哀感にうちひしがれて貧困そのものとなる。

さらにヒステリー性格者は、コトバの意味を自分に都合よく「広く」取りすぎ、他人に対しては「嘘つき」「大ざっぱ」「大げさ」な話しぶりをする。自己の身体への正確な把握ができないため、感覚麻痺、その他の神経学的に合致しない身体症状が出やすい。外界もまた夢のように自己中心的に判断されているのである。

逆に強迫タイプの人びとは、意味を「狭く」取りすぎて汲汲《きゆうきゆう》としている人たちである。何度も何度もコトバで確かめたり、ときには身体を何回も洗うなどの行為に移ることもある（強迫洗浄）。彼らは外界に対しても、信ずるに足らない、確かめなければならない存在としていつも疑っているのである。

以上のごとく、「精神の病」といわれる病気を、離人症、統合失調症、躁うつ病、ヒステリー、強迫神経症の順に記載し、コトバとその意味内容――とくに身体と外界に対する意味づけ――を素描してみた。

まとめてみると、非現実感（離人症）、変貌（統合失調症）、非交通（躁うつ病）、広い（ヒステリー）、狭い（強迫神経症）などと記述できるであろう。

これらの「精神の病」を、たんに思考や観念の異常としてとらえたり、人格や自我の状態の異常として静的にとらえることもできるであろう。しかし、人間においては「思考と言語」は切り離せないものがあり、思考や人格の発達に言語習得が必修であることを思うとき、その人がどのように「コトバ」を使っているか、どのように外界や身体に意味づけをしているかというコトバの側面から、「精神の病」が見なおされる必要があろうと思う。

筆者がこのように「精神の病」⇅「コトバの異常」とを結びつけるにいたった背景には、次節に述べるような「病の治療」や同時に起こる「コトバの回復」を見ていたことがあったからでもある。

2――病の回復

患者のコトバに「聞き入る」

神経症圏の患者には、コトバを用いての精神療法が有効なことは論をまたない。しかし重篤な統合失調症者に対するコトバによる精神療法は、症状をより悪化させたり、より混乱に陥らすなど、もっともすぐれた治療手段とはいえないというのが現状であろう。

S・フロイト[5]以来、この統合失調症者に対する精神療法は、勇敢な先達によって何度も試みられたが、なぜか女性治療者による成功例の報告が多いことが注目される。

「母なるもの」の大切さを説いたシュヴィング[6]の成功は、その師フェーデルンにいわしめれば、「彼女は解釈は加えずに、ただ病者と共にあって、病者が何を感じ考え欲しているかを理解し、何故に病者がそうしなければならないかを理解しようとし、そして理解したところを応答（必ずしも言葉ではない。むしろ態度であろう）によって伝えた」という。この関係はコトバ以前の関係であり、それは乳呑《ちの》み子の母子関係に近い関係でもあったろう。

M・セシュエー(7)の方法は、象徴的実現として有名な「コトバの代わりに象徴としてのもの」を代用させることで、コトバの回復をはかったのである。ルネという少女の治療の転回となったのが、セシュエーが二つのリンゴを少女の前に出したとき、少女の口から「mama」（母↓「mammae」乳房）というコトバがはじめて出たときからである。このことはとりもなおさず、「mama」というコトバに「母親や乳房の思いをこめて」発した「音と意味の結合」の体験といえるし、彼女が失っていた母親イメージを治療者像のなかに再発見したことから出たコトバであろう。

コトバに意味を失った人びとのコトバや心を癒すには、それゆえF・フロム・ライヒマン(8)がいうように、ただ、コトバに「聞き入る」ことから始めねばならないのだろう。治療者側のコトバによる解釈や説得や勇気づけさえも、それゆえむしろ有害になることが多いのである。

統合失調症者における身体像の回復

それでは、統合失調症者の病は、どのように回復していくものなのであろうか。

G・パンコフ女史(9)によると、彼女が治療過程で患者に粘土細工で人形などをつくらせていると、患者自身がおのれの身体像をそれに投影させるようになることを知った。

しかも治療の進展につれて人形の形の統合性や力強さが出てくるのであるが、そのことが患者の身体像の回復と並行して起こるのがわかってきたのである。

このように治療者と患者の関係のなかで、まず「患者自身の身体像の回復」が起こったのちに、コトバによる精神分析が始められるべきだと彼女は主張するのである。

以上のように統合失調症者の身体は、自分自身によってイメージ化されておらず、バラバラな存在なのである。それはコトバ以前の問題であり、身体も外界もなおまだ意味化されていない。同じようなことは急性錯乱状態に陥った、いわゆる緊張病者がコトバを回復していくプロセスでよく観察できることがある。

筆者の経験で恐縮であるが、ある急性錯乱状態の患者を保護室で観察中、あまりに個室から出たがるので、「君の頬がもう少しふっくらとなったら出してあげよう」といっておいた。すると次の回診のとき、彼が頬をプーッとふくらませて、筆者に見せようとしているのである。その意味が多少わかったので、彼に近づき「君も早く僕のように立って歩きたかろうね」とやさしくいっておいた。次の日、彼は天井を破って離院してしまった。そのたびに連れ戻したが、合計三度天井を破られるはめに陥ったのである。

あとになって治療者は「立って歩きたかろう」といったコトバのとおり、彼が天井を破って飛んでしまったのだということに気がついたしだいである。むろん彼のコトバはその当時は錯乱していたからコトバにはまだなっていないはずなのに、彼は「頬をふくらませて」個室から出してもらうことを願い、天井から飛ぶことで、「立って歩きたかろう」というコトバに返答したといえよう。このように身体そのものや身ぶりなどが、そのままコトバの代わりにシンボル化されることがある。

ある離人症患者の例

次に他者にはコトバのコミュニケーションはできているように映るが、本人はそれを悩んでいる神経症――本章の最初に示した「離人症」――の患者のコトバの回復について述べてみよう。

私のある患者は、「自分が自分でないようだ。自分の身体も自分のものという実感がない。外の景色もピンと来ない……」などといって治療を求めてきた。治療がすすむにつれて、ボディービルで身体を鍛えたり、他人を誰彼となく摑まえてはしゃべりまくるように変わっていくのが見えた。治療者を何回となく試したり、怒らせたりするなどの行動化も目立っていた。

ある分析治療中、壁を叩きながら例の治療者攻撃をしおえてひと息ついたとき、彼がはじめて郷里の方言で語るのを聞くことができた。それは、「先生ホッカリしました」というつぶやきであった。「身体《からだ》のなかがじわっと暖かくなった」ともいった。その後彼の離人症状は消失し、社会へと巣立っていくことになったのである。それまでの彼のコトバは、高いプライドなどが邪魔して理屈っぽく、他人とまじわるための自然なコトバに乏しかったといえる。それが「ホッカリ」などという方言が使えたということは、彼の固さがほぐれ、自然な感情がコトバで表現できた証拠であろう。

このようにコトバが治療の武器に使える離人症という神経症圏の患者などでは、コトバにどれだけ自然な感情が付加できるようになったかというのが、治療の目安になるようである。たとえば「美しい」というコトバを使うときには、「ああ美しいなあ」という感情がつきまとうようになってくるもののようである。離人症者はこのようなコトバと感情が切り離されているのであり、それは、彼らの身体や外界に対しても「実感がわかない、自分のものでないみたいだ、ピンと来ない」と表現するしくみと無縁ではなかろう。

ただ、それはコトバと意味（感情も含めて）が疎隔しているのであって、統合失調症のように変貌しているものではないとだけはいえるであろう。

その他の神経症や躁うつ病者のコトバの回復などについては、詳細になりすぎるきらいがあるから他著にゆずるとしても、一応コトバ以前の統合失調症者のコトバの回復や、コトバと意味の疎隔が起こる離人症を対比してみると、「身体、コトバ、外界」の変貌や疎隔感の概要は摑めたと思う。

しかもこれらの障害の回復には、コトバの回復が必修であることを見てきているから、その障害の根底には、時期的な相違はあるにしても、言語習得の失敗があったのではないかと想定するのが自然であろう。それゆえ、言語はいかに獲得されるのかという難問が、次に問題になってくるのである。

3――乳幼児の言語獲得

母国語と母国語以前

これまでの統合失調症の治療成功例を眺め返してみると、治療者は「母なるもの」（シュヴィング）のごとく患者のコトバに「聞き入ること」（フロム・ライヒマン）から始めねばならない。すると「身体像の回復」（パンコフ）ののちに、コトバは身体と外界を交通・統合するものとして治療に役立つようになる。

さらにもろもろの治療者（外界）への感情を、「リンゴ」など物を介在させて、「mama」という音に意味をシンボル化させた「象徴的実現」（セシュエー）なども、音「mama」に外界の意味を付加させるひとつの言語獲得といえるであろう。

これらの治療の要は、まず乳児期の母子関係のごとく、母親が子どもの欲求をただ聞き入り、それに応える状況と似ているといえるのである。このばあい、主役はあくまでも患者（子ども）の側に属するといわねばならない。

ところが言語獲得についての、これまでの考え方や研究では、コトバは母親ないし家族が子どもに教えるもの——学習——という域から脱していない。もっとも進歩的な精神分析学派でさえも、母—子の情緒的な接触のうえに、子どもは母からコトバを取り入れるというふうに、やはり母親が子どもにコトバを教えるという域を出ることができないでいる。

この主な理由は、世界には三〇〇〇以上も言語があるが、それぞれの音形と意味の相違——たとえば猫は日本語でネコ、英語でcatという——などから、ソシュール以来の「音形と意味の恣意性」や「言語はたんなる記号である」という言語学の定説から一歩も外に踏み出すことができないでいる現状に由来していよう。

つまり母国語の違いで「ネコ」または「cat」というように、母親が子どもにその母国語で教えねばならぬという現実から、子どもはそれを学習せねばならぬ、という学説が動かぬものとして映ってしまうからではなかろうか。

しかし子どもが母国語の語彙や文法を身につけはじめるのはせいぜい二歳過ぎてからであり、それまでは世界各国、猫は「ニャーニャー」など擬声《ぎせい》音で通用しているのも事実なのである。しかも精神障害についての精神分析学派の考え方には、大方二歳までに病因が主に母子関係からつくりだされるという主張がある。

この主張とコトバの二歳時までの普遍性とは妙に一致しているのである。

たとえば世界各国の乳幼児は、三ヵ月目頃から「喃語《なんご》」といわれる「つぶやくようなひとりごと」をいいはじめ、それがしだいに母親などに「アーアー」と呼びかけ、喜んだり、母親の声を真似て、「オーオー」と答えるようになるなど、喃語は誕生期までに発達しつづけ、一歳前後に「パパ」「ママ」など意味のある「一語」が用いられるようになる。これを「一語文」といい、最近はこの「一語文」の意味について多少の成果があがってきているので、それを見てみることから始めよう。

一語文の意味

D・クリスタル⑩によれば、一語文の意味は「必要以上に拡大され」て用いられるという。

例えば、dadaという語を安易に「私の父親」と定義づけることは出来ない。幼児は、この語を使いながら父親を指すこともあるが、この語がたとえば牛乳配達夫を意味したり、お菓子の入っている箱を指したりして、他の文脈でも用いられることがある。この語は、このような文脈では、「父親」という意味よりも、もっと「何かがほしい」とか、「楽しい経験」という意味で、かなり広い意味に使われる……

といい、さらに「door」についても、

ある幼児が「ドア」という音声を発する場合、ドアが開いている時に「戸」を意味するdoorを認めなかったのである。doorというのは、引き出しを指すこともあり、丁度今ハンカチを入れたポケットを指すこともある。この幼児にとって、ドアというのは「閉ざす」という意味であることが明らかになった。……言いかえると、この名詞には動詞と同じ意味――「閉ざす」が与えられていたことになる。

とも述べているのである。

さらに、D・マクニール(11)の著によると、レオポルトが報告した自分の娘にとって「ママ」は、〝おいしい〟という意味や〝食べ物がほしい〟という意に用いられていたという。

これらの「dada」「door」「mama」などの一語文の意味が示しているように、意味は親から教えられるのではなく、幼児のほうから一方的に意味づけられているふしがある。それは主に「動詞的」な意味あいが濃厚であり、のちに各国の幼児語によって、つまり家族との共通語として名詞化され、「父親」や「ドア」や「母親」の意味として固定されるようになったと推定される。

たとえば、私の友人のばあい、息子が「パパ」とはじめて彼のことを呼びはじめたと喜んだが、祖母にもよその人が来ても、みんなに「パパ」「パパ」といって近寄っていくといって、嘆いていたのを聞いたことがある。この子の「パパ」という意味も、大人たちに対して

〝遊んでほしい〟などの広い動詞的な意味づけだったのではないかと考えられる。

次のような笑い話もある。ある父親が自分の息子だけは「パパ」など英語で呼ばせまいと、抱きあげてはいつも、「おとうさん」「おとうさん」と教えこんだ。しかし息子が最初に父に向かっていったコトバは、やはり「パパ、パパ」であったという。

世界各国いかなる言語を使用する国の子どもでも、一語文は「papa」「mama」から始まることが観察されている。わが国の研究者もそれを確かめて、子音の獲得順位は「p、b、m」「t、d、n」「k、g」「w」「tz」「dz」（大久保愛『幼児のことばと知恵』[12]）の順であったと報告している。

「音」に対する共通の感情やイメージ

このように口唇《こうしん》音「p、b、m」、歯音「t、d、n」、後舌音「k、g」というように、規則正しく音が獲得され、母音も「a」「i」「u」……などの順で区別されていくことに理論づけしたのは、R・ヤコブソンである。彼の説の詳細はのちにふれるが、彼は音声学から、発声法や発声部位によって、このように規則正しく発音が出てくるのだと主張した。つまり「意味」とは関連なく、生理学的順序によるのだといったのである。

しかしこれでは先のチョムスキー学派の影響を受けた人びと[10][11]の「一語文」の意味、幼児側から前もって意味づけしているらしい「動詞的意味」については何も説明されたことにはならない。

世界の幼児語の研究、とくに意味の研究はすすんでいない。しかし先のレオポルトの娘の「mama」が〝食べ物がほしい〟などの意であったことを思うとき、わが国でも「ウマウマ」とか「マンマ」といって、母に食べ物を求める幼児語があることに気づくのである。次に〝一緒に遊んで〟などの意味「papa」についても、H音は古くわが国では「p」音[13]であったことを思うとき、いまの「母《はは》」の音が「papa」と発音されていたはずである。

さらに村山七郎氏[14]がいっておられるように、現在の「火」は古く「pï」音であり、これは息を「プー」と吹いて火を起こすことからの名詞化であり、中期朝鮮語「pïl」や南方語「poi」とも対応するらしい。さらに英語の「fire」や独語の「feuer」も同源であろう。

これらのことをまとめてみると、幼児の「mama」は根元的に〝食べ物がほしい〟というほどの意味であったものが、印欧語圏では乳房「mammae」や母「mama」などに名詞化され、わが国ではそのまま「ウマウマ」や「ママ」さらに「旨《うま》し」などとして残っているとも考えられる。

さらに〝一緒に遊んで！〟というほどの「papa」は印欧語で「父」（パパ）の意に、わが国では「母」（ハハ）の意として残っているのかもしれない。「pa」音と母音を替えた先の「pï」音が世界じゅう「火」の意に使われるなどが、それらを示唆してくれるからである。

さらに田桐大澄氏[15]は、印欧系の人びとが「t」「d」に外部や遠方というイメージをいだき、「m」「n」に内部や近辺というイメージをいだくという、ブルッグマンなどの実験を、日本人にも適用して同じ結論を導き出していることなども傍証となろう。

他方松岡氏[16]らは日本人の音に対する感情について、

「i」音――死、厳粛、憎しみ
「o」音――悩み、不安、悲しみ……
「n」音――「o」に近い感情
「m」音――平和、あこがれ、安心……
「k、t」音――憎しみ、激怒、争い……

など、共通した象徴感情を見いだしている。

以上のように「音」に対する共通した「感情やイメージ」が、世界の人びとや、日本人なら日本人に共通して存在するということは、各国語成立以前に――同じく幼児においてはコトバ以前に――音には共通した感情やイメージが内在しているのではないかという疑問となってあらわれてくるのである。

そしてそれは多分、精神病者の治療で見てきたように、身体とかかわるイメージであろうと思われる。このコトバの身体性については、哲学者たち[17]も注意を傾けはじめ、いわゆるデカルト以来の「心身二元論」に鋭い批判と反省が起こりつつある。現代人はあまりにも身体からの精神の独立を唱えすぎ、いわゆる唯物主義、科学万能主義を信奉してきたが、いまや西欧近代合理主義がいきづまり、心身一如という東洋思想が脚光を浴びるのも、以上のような理由からと思われる。

4――コトバ分析の出発点

身体から出た「ナイナイ」

これまで、コトバはどうも身体と関連し、外界と交通していくものではないか、という論究を行ってきた。その原点は「精神の病」の回復を手伝う治療者の眼からであった。しかし具体的に日本語という「コトバ」をもっと深く分析してみようという情熱をかきたててくれたのは、筆者の子どもたちがコトバを覚えるとき、さまざまな苦労や努力を超えながら、一人前の人間にならんと「コトバの林」を登っていく姿に感動したからでもある。

末の息子が「一語文」を過ぎ、シツケが完成する前後の頃であった。たまたま濾過紙《ろか》がまだ入っていないコーヒー沸かしを見つけ、上から水を入れるとちょうどオシッコのようにジャージャーと流れるようすに興味を持ち、何回も何回も繰り返して喜んでいるのが観察できた。筆者がコーヒー沸かしは彼のボディーであり、流れる水を尿に喩《たと》えて自分の身体を投影させて彼が楽しんでいることに気づくのに時間はかからなかった。身体や身体内で行われることは、外界に投影され、遊びなどへと昇華されるのではないか、などと筆者が考えていたときだったからである。

このような遊びの時期を過ぎて、自分でキチンと「オシッコ」と母親にいえる頃になると、彼は食卓の上などに置いてある食器をひとつずつかたづけ戸棚にしまいはじめ、フキンで拭いてまわりながら「ナイ、ナイ」とつぶやくなど、自発的なコトバや行動を起こすようになった。このキチンキチンとかたづける時期にフロイトも気づき、強迫神経症的と名づけたが、コトバとは関連させなかった。しかし筆者には、この身体から出た「ナイナイ」こそ、「n」音の原初的意味ではないかと思えたのである。

なぜなら、この遊び期が終わる頃から「ごはん、ナイナイ」とか「ブブ、ナイナイ」など、「ごはんやお茶」などがなくなったとか、すんだという意味の二語文を使いはじめたからである。さらに「ワンワン、ナイ」（犬ではない）など否定詞へと発達させていくようであった。

このように本来幼児は、みずから自己のボディー（このばあい、身体から尿が出てしまってきれいになるなどのトイレット・トレーニング）と、有り無しの「ぬ」や否定詞「ぬ」などを相互に関連させ発達させていくのではなかろうか。しかもこれらの「n」音の「無し」や否定の「ぬ」は印欧語の「no, nein, nicht……」などと同起源であろうといわれている。[18]

次に、動詞の使い方について述べてみよう。

息子が来たので「パパ好きか?」と質問すると、「すキよ」と「キ」音が強く響いてきたので、不思議に思い、「キか？」というように「す」を発音せずに尋ね返してみると、やはり「キよ」と答えたのである。さらに「行くか？」も「クか？」で通じたし、「クよ」という返事が返ってきた。

　このことから、幼児が二音節動詞を聞いたり使ったりするとき、主に語尾音のほうで大方の意味を感じているのではないかと思われたのである。

　この体験が、先の「ぬ」（ナイ、ナイ）とともに、第三章でふれる二音節動詞の語尾の分析のヒントとなったのである。

ボディー・イメージとアニミズム

　最後に幼児の名詞の獲得について述べてみよう。父や母が、自分の目や鼻や口を指さして、「パパの目、パパの鼻、パパの口」などと教えて、すぐに「ボクの目は？」と質問しても、子どもは自分の「目」を指すことはできない。まず、「パパの目」といって父の目を指ささせ、「ボクの目」といって子どもの目に一緒に手を添えてやっているうちに、「パパの目？」と「ボクの目？」をそれぞれ区別して指すことができるようになる。

　身体語はこのように、すぐに自己のものと外界のものが結びつくのではなく、互いに何度も対比されたうえで獲得されるようである。ボディー・イメージとはこのように外界との対比で、より確実に把握されるのではなかろうか。

そして二語文を過ぎる頃になると、息子は割れた茶碗を見て、「茶ワン、アイタ、アイタ」と表現するようになっていた。これはまさにアニミズムであり、自分の身体の痛さの体験を、茶碗に人格化させ投影しているということであろう。その頃には、テレビの幼児番組で、木のオバケが踊る姿などを見て「キャッキャッ」と喜んでいたものである。このような人体と似た外界の事物や人体の動きに似た外界の動作などに興味を示し、同じものであるという思考を持つことが、アニミズム思考である。

このアニミズムの思考が、第二章の出発点である。つまり、人にある「目《め》、鼻《はな》、歯《は》」は木にもあり、それが木の「芽《め》、花《はな》、葉《は》」へと投影され、命名にあずかったのではないかというのが、次章の出発点となったのである。

このようにして、筆者による日本語の「コトバ分析」は始まったといえよう。

第二章　太古的身体、コトバ、外界

1──アニミズム的転義

すでに幼児が自己の身体「目、鼻、歯……」などを覚えて口にすることができるようになると、次に茶碗が欠けたとき、「茶ワン、アイタ、アイタ」というふうに茶碗にも人間と同じ人格を認める──アニミズム──の思考を持つようになることを見てきた。

このような二歳から三歳（幼稚園前期頃）の子ども向けのテレビ番組などでは「木のオバケ」がよく出てくる。このオバケが口を持ち、目を持ち、手（枝《え》・手《だ》）をひろげるなどの動作をすると、幼児は「キャッキャッ」と喜んでいる。家も人格化され、入り口が「口」であり、窓が「目」となって幻想化されるマンガなどもよく見かける。

どこの国の子どもも、このようなアニミズムの世界を通り抜けてはじめて現実の世界と自己の区別ができるようになるのだろう。

さて日本語を深く眺め返してみると、人体名と木の部位名とのあいだに次ページの図1のような対応があることに気づくのである。

木の部位

少し説明を加えると形の類似、たとえば、人の「関節《ふし》」「股《また》」「皮膚《かは》」などが、木の「節《ふし》」「叉《また》」「樹皮《かは》」などに投影命名されているし、人の「肌」も投影され、木の皮が剝《は》がれたものを「木肌《きはだ》」と呼ぶなどである。また木にも根があるように、「あの人は根はいい人だ」とか「根に持たない」などと、心の根性なども「木の根」と同一視されるいい方がある。

次に老木の腐った穴などを見て、子どもは「口」を連想するように、木を切り倒すときなどの「切り口」なども、「口」のイメージからの命名であろう。さらに人体の皮膚の下の「身」は木の「実」と同源といわれているが、果物や堅果類の実は皮に包まれているなどの類似性によるからであろう。

このように木が「口」や「身」や「皮」を持つとすれば、「目」や「鼻」や「歯」を想定してもおかしくはないはずである。これが木の「芽」や「花」や「葉」なのではなかろうか。人の目が人体の上部にあってまわりを見まわすように、木の芽も春先に枝の先端に芽生えるなど形態や働きの類似がある。次に人の鼻も飛び出て開いているなど、花と似ている面がある。しかも鼻は匂いを嗅ぐ器官であるが、「匂ふ」という大和コトバは色にも香りにもどちらにも用いられていたのを思うとき、花の色の美しさや香りを「匂ふ」という点で、鼻とは一脈通じるものがあるのである。

さらに、人の歯も乳歯が抜け落ち永久歯が生えたり、老人の歯が朽ち落ちるように、木の葉も秋には散り、春には萌え出すなど動きの類似性がある。しかもどちらも尖って平べったいなどの形態の類似もある。

ところが先の「鼻」と「花」は、平安時代アクセントが異なっていたから同源ではないという国語学者の意見がある。しかしこれだけ対応例が見いだせるのであるから、これらはおそらく同源と考えてさしつかえないと思われる。

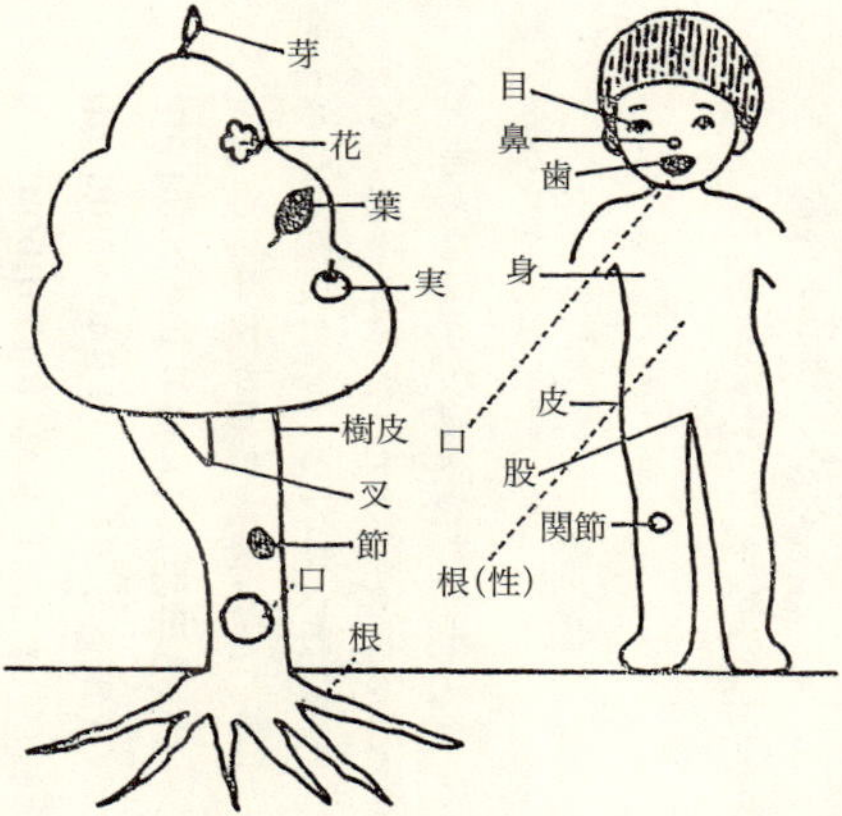

図1　人体名と木の部位名との対応

以上のように木の「節《ふし》、叉《また》、樹皮《かは》、木《は》肌《だ》、根、切り口、実、芽、花、葉」などは、人体の「関節、股、皮膚、肌、根、口、身、目、鼻、歯」などと対応していて同源ではないかと考えられる。人体名が外界に投影され命名されることは、世界各国共通していて、S・ウルマン[1]によれば英語でも、

the mouth of a river（河口）
the lungs of a town（町の空地）
the hands of a clock（時計の針）

など多数の用例が見いだせるという。しかも彼は逆のばあい、つまり外界のものが人体に命名される頻度《ひんど》は、これに比べれば少ないと書いている。すると先の人体名と木の部位名の対応は、やはり人体名が先であり、それがのちに転義されたと考えたほうが自然であろう。そのほうが幼児のコトバの獲得やアニミズム思考とも一致するからである。

家

このように考えながら日本語の世界を眺め返してみると、さまざまな人体名の外界への投影が見いだせるのがわかる。

まず家であるが、入り口は人の口からの投影と考えてみよう。すると、「窓」の語源は「目《ま》・戸《ど》」（マナコ、マツゲ、マブタなどの目《マ》、目《メ》の古形）と考えられ、さらに「棟《むね》」は「胸《むね》」からではなかろうか。肋骨のことを「アバラ骨」というが、飾りのない粗末な家を「アバラ屋」などと呼ぶのも、深くには「胸《むね》」→「棟《むね》」という命名を暗示しているといえるだろう。棟上げのときの屋根の棟の形と肋骨の形は似ているからである。最後に、屋根は瓦《かわら》葺《ふ》きになるまで、古くから木の皮や茅《かや》で葺かれていたであろう。この木の「皮」の「カハ」や「瓦《かはら》」を「カハ・ラ」（ラは小さいとか、数が多いなどのラ。子ら、サクラなど）と分析したときの「カハ」という語源から、屋根を覆うものは、「皮」のイメージで眺められていたと考えてさしつかえないだろう。

これらは、家も「目《ま》」（目《ま》・戸《ど》、窓）を持ち、「口」（入り口）を持ち、「胸」（棟）や「皮膚《かは》」（木の皮、瓦）で覆われている人体の投影として映っていたことを物語っていよう。先の木のおのおのの部位がアニミスティックな命名を受け、しかも木は「木霊《こだま》」を持つと信じられていたごとく、「家」もまた「魂」があると信じられていたのである。

このように外界の事物に生命があるという発想がアニミズムなのであり、このアニミズム思考を太古の人びとが持っていたからこそ、その命名に人体名を投影させたといえるし、逆に命名がむしろアニミズムを確実にするなど、「思考と言語」は相互に影響しあっていたと考えられるのである。

このようなアニミズムや似たものは同じものと考える思考は、未開人の思考や現代人の比喩のなかでも使用されるという現代言語学(1)や民族学(2)の成果がある。これらをしばらく眺めながら意味の転用や転義について考えてみることにしよう。

類似の原理

これまで見てきたアニミズムというコトバは、E・B・タイラーが未開人の思考を記述した『原始文化』（一八七一年）という著書ではじめて用いた語である。J・フレイザーは著書『金枝篇』(3)のなかで、未開人の呪術的思考をさらにくわしく記述した。そのなかで彼は、呪術思考を「類感（模倣）呪術」と「感染呪術」の二つに大別している。

この「類感呪術」とは、〃似たものは同じ意味を持つ〃という類似の原理に基づく呪術思考であって、これまで見てきた〃身体と似た外界の事物〃に命名した「木や家」の部位名「芽、花、葉、目戸《まど》、棟、瓦……」などの造語の背景にあるアニミズム思考と似ている。それゆえ、この「類似の原理」に基づく「類感呪術」についてしばらく眺めてみることにしよう。

古くわが国にも「丑《うし》の刻《こく》まいり」といって、憎むべき人物の人形《ひとがた》をつくって、それに釘を打ちこむとその人は死ぬという呪術などが行われていたのである。このばあい、憎い人物と、それに似せたワラ人形は同じ意味を持たされているのであり、ここに「類似の原理」が働いているとフレイザーは主張するのである。このばあいは人形に傷を負わすことで、元の人物に悪い影響を与えようという呪いの呪術であるが、逆に元の人物の病を癒すための「身代わり地蔵」や「ひな人形の川送り」などは、病の元「悪霊」を乗り移らせて退散させ、平癒を祈るなどの原始的治療法なのである。

このように〝似たものは同じ意味を持つ〟という類似の原理による呪術を、類感呪術と呼ぶ。

この〝似たものに同じ意味を持たせる〟という発想は、言語学のほうからいうと比喩のなかの「隠喩」において生きつづけている。たとえば、「高嶺《たかね》の花」といえば手を出すことのできない麗人などの喩えであるが、どちらも「手が届かない」という共通の意味から隠喩として使われているらしい。この「隠喩」は、現代人の会話や文章のなかでも無意識的にではあるが常に使われている比喩なのである。

この「類似の原理」に基づく隠喩的発想はさらにコトバの意味の転用、つまり転義のなかでも大きな役割を果たすと、意味論学者は指摘する。これが〝似たものは同じ名で呼ぶ〟という類似による転義である。池上嘉彦氏[4]によると、〈人間のあし〉と〈机のあし〉、〈人間のあたま〉と〈釘のあたま〉など身体名が似た外界のものに転義されるのもこのためだという。

ここまで見てくると、先のフレイザーの「類感呪術」は、もはや言語学のなかの比喩のひとつ「隠喩」と同じものであり、さらに転義へとひろがることがわかると思う。つまり、類感呪術―隠喩―転義という思考―言語（とくに命名）の連なりのなかで、「類似の原理」が脈々と生きつづけているということなのである。

それゆえ先の英語の例、人間の口を川の入り口に投影した the mouth of a river（河口、漢語においても河の口と呼んでいる）をあげるまでもなく、身体名が〝似た〟外界名に命名されていた、古い日本語の「木や家」の各部位名は、太古的思考あるいはアニミズム思考の投影による命名といってさしつかえないだろう。逆に〝似たものは同じに見える〟という原理は、現代人の意識や思考の深い部分には存在しているはずである。それらを意識化すると、さらに太古の日本語のなかの身体像や、その投影としての外界のイメージをさらに明らかにすることができるだろう。

2――太古的身体、コトバ、外界

川

まず大地を浸《ひた》して流れる川を想像してみよう。縄文前期頃がもっとも温暖多湿で海進現象がすすみ、海は現在の海岸線よりずっと奥まで押し寄せていたことが、関東平野の貝塚の分布などから確かめられている。

当時の川は現在のように堤防があるわけではなく、雨が降ると高いところから低いところへと雨水がただ流れるだけで、平野はおそらく湿地帯となり、ところどころに潟《かた》や洲《す》が残るなどの風景が普通であったろう。

このように雨が降り「瀬《せ》」（浅瀬）をつくり、ところどころに「潟《かた》」を残し、「川《かは》」となって海にそそぐ光景を想像してみよう。

これまで人体名やその動態が外界に投影されるのを見てきているから、思い起こされるのは、人体の「背《せ》」や「肩《かた》」や「皮膚《かは》」のことである。人が汗をかき、その汗が皮膚を伝うようすをうしろから見ると、汗水は肩から背中に集中して「皮膚《かは》」を流れていくものである。この汗水が水の流れとしてイメージ化されていたことは、人体の胸骨部のことを「みぞ落ち」（みず落ち）と呼ぶことからもわかるであろう。

さて、ここまで見てくると、大地の「川《かは》」は「皮膚《かは》」の投影であり、「瀬《せ》」は「背《せ》」からであり、ところどころ残る陸地「潟《かた》」は「肩《かた》」の投影ではないかと考えられるのである。

さらに古くは大地に立つ「木」は「ケ」とも発音され、皮膚の「毛」のイメージで眺められていたなどの傍証もあるし、のちに第四章でふれることになると思うが、「アメ」（雨）と「アセ」（汗）の「ア」音は、実は同源であったことなどを考えあわせると、「川、瀬、潟」の命名は確実に身体名の投影といえるであろう。

つまり人びとは身体を流れる汗や皮膚などを、彼らの住む大地に雨が降る光景などに喩えて理解していたと考えられるのである。

山、原、海、風

雨が山や大地に降りそそぐと、水は「峰《みね》」で分かれて平野へと向かう。「峰」の語源は

「水・根」といわれ、そこで「分水嶺」となって分かれるのである。峰で分かれた水は山肌を伝い、急な谷に水を落としたりしながら、「原」へとひろがっていく。この「山肌」は人の「肌」の投影であろうし、水の落ちるところも、先に述べたように乳房のあいだの胸骨部で汗水が落ちるところを「みぞ落ち」といったように、山の急斜面などはそのようなイメージで見られていたであろう。このことは広い「原」が「腹」からの命名ということに気づけばさらに明瞭になってくると思う。しかも「川」は「皮膚《かは》」のイメージなのであった。

平原のくぼ地は「窪《くぼ》」といわれ、これはそのまま女性性器の意味を持たされていたのである。腹の下に女性器があるという人体の構図が、そのまま原や窪に投影されたからであろう。このように見ていくと、彼らが好んで住居を構えていた台地「丘《をか》」は、「恥丘」のイメージで眺められていたのではないかと思われる。「ヲカ」の語源は古い「招《を》く」（まねきこむ）という動詞からの名詞化が考えられるからである。

次に海はどのように映っていたのであろうか。まず「腹臓《はらわた》」の「ワタ」（内臓）が、「ワタツミ」の「海《ワタ》」に投影されているようである。内臓《わた》から周期的に放尿する尿などと、周期的に満ち引きする「潮」などの動態や、ともに塩辛いなどの味覚が似ているからである。

さらに「海《うみ》」の語源は「産む」からといわれている。これは子が内臓の一種「子袋」から羊水とともに産まれ出る姿と「海」との同一視による名詞化で、先の臓《わた》↓海《わた》とも符合しよう。

最後に「風」はどのようなものと考えられていただろうか。これは人体の病「風邪」の投影であろうか。風邪を引いて、ヒューヒューと咳きこむようすは、外界のピューピューと吹く「風」の音に似ている。人体が風邪に冒されるように、台風の多いわが国では「風」は天空の病に見立てられた可能性はあろう。しかし「風邪を引く」と表現され、「引く」という動詞で「風邪にかかる」意を表現しているのはなぜであろうか。

さらに昔話や童話には荒れ狂う風神が出てきて人びとを悩ませたり、事実上代には風神信仰があり風に当たると懐妊するなどの俗説があったという（『岩波古語辞典』）。これらのことは、外界の風が人体に取り入れられ「風邪」を起こすという太古の思考の残存ではないかとも思われるのである。

いずれにしろ彼らは身体と外界にコトバによる橋渡しを行うことで、アニミズム思考を確実にし、外界に「ワタツ霊《ミ》」や「風神」などの人格神を想像し、外界はあたかも人体そのものなのであった。ここからさらに「無病息災」や「多産豊穣」などの原始信仰が生まれたのではなかろうか。

無病息災

無病息災とは、人間に病がふりかからず、天や地にも異変が起こらないように願う古来からの神道思想である。このことを逆に考えると、先に「風を引く」と「風邪にかかる」など天変地異は人びとに病をもたらし、人びとの邪心などは逆に天の怒りを買うなどの、身体と外界とを互いに往き来する「悪霊」などの存在を認めていたのではないかと想像される。

　このことは「風邪」⇅「風」の対応や、人体の老化や衰え「古《ふ》る　旧《ふ》る」と、天地異変が起こるという「震《ふ》る」(ナヰフルなど)の対応が暗示している。つまり天空の「風」を引き入れて「風邪」にかかったり、逆に人体の衰え「古る」が外界の異変「震る」などへと投影されたのではないかと思われるからである。さらに波や風が静まること「凪《な》ぐ」と心が鎮まること「和《な》ぐ」が同源であったり、天気が晴れる、気持ちが晴れる、罪が晴れるなどの「晴る」の同源性を考えてみるとより明らかになろう。

　さて、「気」という漢語がつくられたとき、古代中国人は天気にも「気」、人の心にも「気」という音と字を当てて造語していたことに注目してみよう。このことは、先に身体を外界に投影した大和コトバの造語法とひじょうによく似ているからである。のちの漢方医学でも「心と外界」に気のエネルギーを仮定し、そのとどこおりから「病」が起こるなどと主張した学派[5]がある。現代の神経症者のなかにも「天気が悪いと気が滅入る」などの訴えは多い。

　このように「無病息災」にある「天空と人体」の病の交通という思考は、太古の造語のなかにも現代人の無意識のなかにも生きつづけているのである。

　古代インドの神秘思想のなかにも同様な思考が見られることを、服部正明氏[6]が記述しておられる。しばらくそれを眺めることにしよう。

人が眠っている間、身体は動かなくなり眼・耳などの諸器官はその機能を停止してしまう。しかし人が目をさますと諸器官は機能し始め、身体は活動を再開する。したがって身体や諸器官が死んだようになっている間にも生き続け、それらに再び生命を与える要素を、プラーナ（気息、生気）と言う。……プラーナは個体の生気（気息）であると共に、大地に雨をもたらして家畜や草木に生命を与える宇宙の生気（風）でもある……（『アタルヴァ・ヴェーダ』からの引用）。

という記載などである。

ここではプラーナ（気息）は眠っているあいだにも生きつづける要素であり、外界に出ては生気を与える「風」などの意とされている。

「夢」と「息」

ここで思い起こされるのは、アニミズムという語を最初に用いた民族学者タイラーの未開人の夢に対する記述である。

夢は眠っていても、どこへでも飛んでいく。この現象から未開人は「精霊」（身体から自由に出入りするもの）を想像したといい、これがアニミズム思考の根底にあると主張する。

さて古代中国やインドの「気」や「プラーナ」（気息）と、この未開人の「精霊」感は互いに似ていることがわかると思う。つまりそれらは人体と外界をつなぐ「息の精」や眠っているときも働く「夢の精」などのイメージであり、これらにこそ生命の本態を見てとっていたといえるのである。

それではわが国の「夢」や「息」はどう見られていたのであろうか。

ここでわが国の古い夢などへの観念を眺めてみると、「夢にも逢はずなりにけるかも」などというと、相手の心が冷たくなったから夢にもあらわれてくれなくなったというほどの意で、心のなかの「精霊」は自由に出入りし、夢のなかにも出てきたり、こちらの精霊も相手の夢のなかに出ていくなどの思考があったのである。

次に息についてであるが、「息を引き取る」が死の意で、「息を吹き返す」が蘇生の意であることを考えてみよう。

ここでの「息」とは、ひとつの「生命のシンボル」であることがわかるし、「息」の語源が「生く」からの名詞化であることを思えば、「息」のなかに生命の根源を見ていたことはまちがいないであろう。

さて先の「夢《ゆめ》」（古くは眠《い》・目《め》）や「息《いき》」（「生く」の名詞化）の語源をひもとくことから論をすすめよう。「夢」は「眠《い》・目《め》」といわれ、「い寝《ぬ》」が「眠《い》を寝《ぬ》」とも表現されるところから、「い寝《ぬ》」の「い」も同じく「眠《い》」で、「いめ」の「い」と同源であるというのが国語学の定説である。

筆者は、この「眠《い》」は「精霊」の意で、眠っているときにも活動する先のプラーナのごときものではないかと推定したい。「い寝《ぬ》」においても「精霊が寝る」こととして自然に納得できるからである。

次に「息」であるが、「息吹き」というときは、「息」は単音「い」で用いられているのである。さらにプラーナと同じく、この「息吹き」も外界の草や木々も生き生きと「息吹く」などとして表現されるように、人間の「息」と外界の「息吹き」は同一視されているのもわかる。

さてこの単音「い」（息）についてである。この「い」も「精霊」の意で、先の「いめ」（夢）の「い」と同じものではないかと考えられるのである。そして「いのち」（命）の「い」であり、「生く」の「い」であり、「言《い》ふ」の「い」でもあろう。これを一応「命《い》」と表記してみると、これは、眠っているときにも生きつづける「命《い》・目《め》」の精でもあり、「生く」エネルギー「命《い》・き」（息）や言霊《ことだま》の精「命《い》・ふ」（言ふ）などと共通して見られる「い」ではないかと思われる。このことは第四章「命《い》」の項でさらにふれることになろう。

このように見ていくと、わが国でもプラーナや未開人の精霊と同じく「夢《いめ》」や「息《いき》」のなかに「命《い》」という生命のエネルギーを想定する思考があったと考えられるであろう。

これらは外界にあり、先に見た「風」などの悪霊と対立するものとして理解されていたのかもしれない。このように身体と外界では、精霊が悪霊を追い払ったりするという思考が「無病息災」の思考なのであろう。

多産豊穣（猟）

わが国の神道思想の他のひとつに、「子が多く産まれることは、糧《かて》が多く取れる」という「多産豊穣」の信仰がある。ここには人間の生殖や出産が、外界の獲物や穀物の繁殖を招くという人体の外界への投影、「類似の原理」が働いていることにまず気づくであろう。このような思考を生み出すには、どのようなコトバの造語があったのであろうか（また逆に、このような思考があったからこそコトバは転義されたのでもあるが）を、次に見ていくことにしよう。

まず人間の「子」について考えてみよう。「子」は「身」から産まれる（たとえば「身ごもる、身二つになる」などのように）。穀物の「粉」もまた「実」をすりつぶしてできあがるのである。ここには「子《こ》」↓「粉《こ》」、「身《み》」↓「実《み》」の投影があることに気づくであろう。

さらに最近、縄文中期遺跡から「パン状の炭化物」が発見された。それによると縄文人はシイ、ドングリ、イモなどの実をさらして澱粉にし、それをパン状に固めて焼く、蒸すなどの調理をほどこし、食糧にしていたことなどがわかってきた。

この縄文中期の「実《み》」をさらして「粉《こ》」（澱粉）などにしていたという考古学的証拠は、先の「身二つになり子ができる」という「身《み》↓子《こ》」という「多産」と無関係ではあるまい。さらに、粉をこねあげたパンを蒸すという調理「蒸す」という動詞を考えてみよう。同じく「ムス」という発音で「産す」（産まれる）が存在しているからである。これらは「子産す」と「粉蒸す」で対応していて、「子産み（多産）↓調理（豊穣）」をも暗示していよう。

さて元に戻り「多産豊穣」をふたたび眺めてみると、人が子を産む「産む」と果物などがよく熟《う》れておいしい「熟む」の存在に気づくのである。これは完全に、多産「産む」の外界への投影としての豊穣「熟む」の意を伝えているといえる。

次に人間の性交「枕《ま》く　婚《ま》く」などは穀物などの種蒔《たねま》き「蒔く」に投影されている。さらに「子だね」と穀物などの「種」とが同源であることを考えると、「性交↓種蒔き」というのは人体の外界への投影であることに疑う余地はなくなるであろう。

このように人間の性交、出産などが、穀物の豊穣を招くという思考があるからこそ、稲作などが起こると、田の神などへの感謝や祈願として、神社ではお多《た》福《ふく》や火男《ひょっとこ》による「性的な神楽」などが歌い舞われるようになったと考えられるのである。

しかし「多産豊穣（猟）」はさらにずっと起源が古く、コトバ以前の世界、クロマニヨン人たちの世界にもすでに存在していたふしがある。彼らがお守りとしていたといわれる妊婦裸像は「多産」のシンボルであろうし、彼らの住み家であるほら穴に描いていた「洞窟芸術」には、男女の性器や豊猟を意味する狩りや獲物の図が多いからである。

やや歴史は下って、わが国の縄文土偶にも女性性器や妊娠が誇張されて表現されるのもこの「多産」の意であり、縄文中期の男根形石棒の出現などは、やはり性交→豊穣祈願を意味したなどといわれるのもこれらの系列であろう。

以上のように「多産豊穣」の思考は、遠くクロマニヨン人から、縄文人、弥生以降の稲作人へと脈々と連なる系譜であった。そして同時に、それらの思考はコトバの造語や転義にもあずかっていたのである。

3——類似と連続の原理

類似の原理

「類感呪術」や意味論の「隠喩」のなかの「類似の原理」を応用して、わが国の太古からのコトバのうちとくに身体名やその現象が、外界名などに投影（転義）されていることを確かめてきた。

しかしこの「類似の原理」による転義はなにも身体と外界とを結ぶものだけに限られるのではなく、外界のもの同士やその現象にも命名される意味論的原理なのである。このような転義は「尾《を》」が「緒《を》」に、具体的な貝の「殻《から》」が抽象的な「空《から》」の意へと転じるなど、日本語では普通に見られるものである。

池上氏によると、「人が動く」と「心が動く」、「本を持つ」と「考えを持つ」、「水が流れる」と「時が流れる」など、動く、持つ、流れるなどの意が、人↓心、本↓考え、水↓時などへと転義されるのも、類似の原理に基づくものであるが、それは具体的な「人、本、水」などから「心、考え、時」などへと転義されるという。

このように「類似の原理」で多義性を獲得していくときには、先に見てきた身体↓外界への投影と同じく、具体的なもの↓抽象的なものへの命名へとひろがっていくものなのであろう。日本語は、この「類似の原理」に負うところが大なのであった。

ここで、「同じ音形で似たものに命名する」という造語法について、漢語の例をあげることにしよう。

藤堂明保氏[7]は、形声文字の音符「爿」（ショウ）をつけた、「牀」（ショウ、長い木を横たえた寝台）、「狀」（ショウ、細長い犬の身体）、「將」（ショウ、長い指↓中指）、「戕」（ショウ、長い戈《ほこ》、槍《やり》）などにはみな、同じ「細長い」という意味があることを指摘しておられる。このことは、「ショウ」という「音」の語源に関係するのであり、「似たものには同じ命名をする」という転義をも示しているといえる。

さらに「枼」（ヨウ）からは、「葉」（ヨウ、木の葉）、「楪」（ヨウ、薄い木の板）、「蝶」（チョウ、羽の薄い虫）、「鰈」（チョウ、身体の薄い魚、カレイ）、「喋」（チョウ、ペラペラしゃべる）なども この例で、「ヨウ」や「チョウ」には「薄べったい」という意が共通してあることがわかるであろう。

このように漢字の語源「音と意味とそのひろがり」にも「類似の原理」が働いていたし、それは漢字の字源のなかでも生きつづけていたのである。

このへんで、「類似の原理」は終わりにするが、さらに意味論や未開人の呪術思考を語るとき、見逃してはならないもうひとつの法則が存在する。それを「連続（近接）の原理」と呼ぶことにしよう。

連続の原理

民族学者J・フレイザーは先の「類似による—類感呪術」と、もうひとつ「連続性による—感染呪術」とを記述したのである。その感染呪術をしばらく眺めてみることから始めてみよう。

「感染呪術」とは「かつてたがいに接触していたものは、物理的な接触がやんだ後までも、なお空間や時間を距《へだ》てて相互的な作用を継続する」と、フレイザーはいう。

たとえば他人の毛髪や歯牙を手に入れることができたならば、その持ち主に対して意思を働かすことができるなどの思考である。このような思考は、死者の形見に死者の面影を見たり、遺骨や毛髪を墓にまつるなどの呪術行為にも残されていよう。古くわが国では夫婦が別れて旅立つときには、指に紐を結びあうなど、現代の子どもの指切りにも似た行為が行われていたのである。

さらに、現代の神経症者やマゾヒストなどが異性の毛髪や下着を性的代理物として利用するフェティシズムなどにも同じ心理が働いている。

これらの「死者の形見」や「墓の遺骨」や「指切りの紐」や「フェティシズムの対象」などの元の人物の一部分は、元の人物に影響を与えることができるというのが、「連続性」に基づく「感染呪術」である。ここには、かつて連続または接触していたものの部分は全体をあらわすという、「部分＝全体」という思考がある。さらに、時間を距てた結果はまた原因をあらわすという、原因—結果の「因果律の逆転」すら含まれているというのである。

この「因果律の逆転」の持つ〝結果は原因をあらわす〟ということを少し説明すると、夫婦が指に結びあっていた紐があるとき切れたとすると、その夫なら夫は妻が約束を破って浮気などをしたからだと思いこむ……などの思考のことで、この紐が切れるというたんなる結果を、妻の不貞を疑うなど、妻という原因のせいにしているのである。このことは古代人の「夢」などの思考にもあり、自分が夢を見たという結果を、相手が思ってくれているからだというふうに、相手のせいにするなどと同じ性質のもので、「結果は原因をあらわす」という思考法なのである。

以上のように「連続性」による「部分＝全体」や「結果＝原因」という思考が、感染呪術のなかにはある。

1 「部分＝全体」

まず「部分＝全体」とは意味論のなかでは、「比喩」の他の側面、「換喩」に比定されることになる。redcap（赤帽）といえば駅の赤帽のことであるが、それは赤い帽子をかぶっていることによる。「換喩」とは、この赤い帽子というひとつの部分で、駅の荷物運搬人という全体を指すなどの、「部分＝全体」という思考による比喩などのことである。

さらにBluestocking（青鞜《せいとう》派）なども、「青い靴下」というシンボルで女性解放主義者たち「青鞜派」全体をあらわすなど、シンボルによる命名のことであり、この形式は日本語の世界に無数に見られるであろう。赤い色をしているから「赤ちゃん」などの色によるシンボル化なども、この形式だからである。

次に動詞からの名詞化なども、この形式と考えられる。たとえば「治《を》す」から「長《をさ》」、「群《む》る」から「村《むら》」などの造語を考えてみると、なにも「長」や「村」は、その特徴としては「治める」や「群がっている」だけとは限らない。しかしある時期、そのシンボル（特徴）として「治す」や「群る」で代表させたと考えられるのである。それ以後、「長《をさ》」や「村《むら》」という名詞形で通るようになったのだろう。

このようにシンボル化の問題に深入りすると、それを突きすすめていけば、コトバの造語全体、さらにコトバの起源にまで行きつくことになろうが、ここでは深入りはすまい。ここでは多少、上代のコトバの問題「言霊信仰《ことだま》」にふれておくにとどめよう。

言霊信仰とはコトバには霊魂があるという信仰であり、(8)わが国は「言霊の幸ふ国《さきは》」と考えられ、「言うことは事が実現する」と信じられていたのである。たとえば、上代貴人に女人が自分の姓や名を名のれば、結婚や性交を受け入れることと同じに考えられていたなどが有名である。このように「言挙げ《ことあ》」することは、良きにつけ悪しきにつけ、事が実現することなのであった。ここには「言《こと》」（コトバ）は「事《こと》」（できごと）のシンボルとしての働きと同時に、部分（言）は全体（事）に影響を与えるという先の思考（連続性）を思い起こすと、「言葉」にすることが元の全体「事」に影響を与えるという言霊信仰も自然に理解できるものになってくるであろう。

さて「言霊信仰」はこのように理解できるのであるが、「言」と「事」とは、同じ発音であり、同源であることを見逃してはなるまい。

つまりあるできごと、「事」をコトバにするばあいの「言」は、まったく同じものとして理解されていたのである。ここにもコトバに対する太古びとの、信頼性やけっして嘘をついてはならないなどの言霊信仰の他の側面が加わる理由があったと考えられる。

さらに事物というばあいの「事」に次ぐ「物」について考えてみよう。物も、「もの申す」「もの言ふ」「もの語る」など、「コトバ」とやはり同じように使われていることに気づくのである。このように「事」や「物」も、「言」や「もの」として、シンボル化されていたことは、コトバがいかに大切に扱われていたかを物語ってくれるのである。

2 「結果＝原因」

次に「結果は原因をあらわす」などの「結果＝原因」という「連続の原理」の他の側面を眺めてみることにしよう。日本語の語彙をくわしく眺め返してみると、結果にも原因と同じ命名をするという形式が見いだせるものがある。それらを記すことから始めてみよう。

たとえば「槌《つち》」で「土」を掘る、「機《はた》」で「服《はた》」を織る、「灰汁《あく》」で「あく」を抜く、「先《さき》」で「幸《さき》」（植物の繁栄）を得る、「矢《さち》」で「幸《さち》」（獲物）を捕る、などである。これらは、ある動作の連続性による結果「土、服、あく、幸《さき》、幸《さち》」は原因「槌、機、灰汁、先《さき》、矢《さち》」と同じように見られたから、同じ命名を受けたと考えてさしつかえないと思われる。それゆえ原因と結果をあらわす「槌」と「土」……などはもともと同源であったといえよう。

これらの「連続の原理」は、動詞の意味の転用のなかで数多く認められるものであるが、それらについては次章で述べる「活用形と意味の転用」やその他の項で詳述する予定であるから、ここではふれないでおく。

ここまで思考と言語とくに転義について眺めてきたわけである。未開思考の二つ、「類感呪術」と「感染呪術」は比喩の二つ、「隠喩」と「換喩」に対応し、それぞれ「類似」と

「連続」の原理に支配されていたのである。

しかも、この二つの原理「類似性」と「連続性」を応用すると、太古の大和コトバの転義の解明に役立つことがわかった。とくに人間の身体は外界に「その類似性」により転義されることが多く、そこにはアニミズム思考という基盤がうかがわれたのであった。思考と言語はこのように切り離すことはできないものなのであった。

しかし、ここまで追究したからといって、主に同音語の同源性がわかったというだけで、先へはすすまない。端的にいえば、「目」はなぜ「メ」なのか、「槌」はなぜ「ツチ」と呼ばれるのかという真の語源は何も明らかにされたわけではないのである。

それゆえ、次章からもっとも分析不能といわれる、二音節動詞の分析という「コトバ分析」の他の側面が繰りひろげられることになるのである。

第三章　二音節動詞語尾の分析

1——分析に先立って

日本語の中核

前章では、同音語の転義を解明することによって多少太古の人びとの心の世界が明らかにできたと思う。

しかしそれ以上の分析を行おうとしても、日本語のなかには、解明を許さないいくつかの障害が存在しているのである。このまったく解明を許さない中核に、二音節動詞が立ちふさがっている。大野氏(1)に「二音節動詞が解明されたならば日本語は解明されたも同然だ」といわしめたほど、日本語の中核を形づくっているのが二音節動詞なのである。

二音節動詞からは名詞や形容詞が多数つくられていく。たとえば、綯《な》ふ↓縄《なは》、治《を》す↓長《をさ》、群《む》る↓村《むら》などの名詞の造語(2)、さらに、更《ふ》く↓深し、浅《あ》す↓浅しなどのク活用形容詞や、行《ゆ》く↓ゆかし、招《を》く↓をかし……などシク活用形容詞の造語などである。

さらに二音節動詞からは多音節動詞がつくられていく。「言ふ」→「祝《いは》ふ」、「告《の》る」→「呪《のろ》ふ」、「墾《は》る」→「払《はら》ふ」、「受《う》く」→「誓《うけ》ふ」など語尾「ふ」をつけて三音節動詞ができていくし、逆に語頭に「手《た》」をつけると、「手《た》向く」「手祈《たの》む」（頼む）「手寄《たよ》る」（頼る）などの造語もあるのに気づくであろう。

このように二音節動詞こそ日本語の中核群といえるのであるが、それがどのようにできあがったかという点になるとなんの手がかりもないというのが、国語学の現状である。

さて、第一章で見たように、幼児が最初に発する意味あるコトバ「一語文」の「papa」や「mama」のことや、さらに「ナイナイ」をいえるようになった頃の筆者の末の息子の会話を思い出していただこう。とくに二音節動詞の意味についてもう一度眺め返してみよう。「パパ好きか?」と尋ねたとき、「すキよ」と「キ」音が強く響いて聞こえたので、確かめるために「キか?」ときいてみた。するとやはり「キよ」と答えたのである。さらに一緒に「行くか?」も「クか?」といってみると、やはり「クよ」との返事だったのである。

このことは幼児が動詞の意味を理解するばあい、主にその語尾で認知しているのではないかというヒントを与えてくれることになった。この語頭より語尾のほうがきわだって知覚されることは、鈴木敏昭[3]氏も指摘しておられる。

この「好きか?」や「行くか?」を「キか?」「クか?」で理解しているとすれば、「好く」や「行く」という二音節動詞を理解する以前に、なにか漠然とした意味を語尾「く」のみにいだいているのではないかと思われる。

そこで語尾が「く」で終わる二音節動詞を並べてみて何日も考えつづけたものである。「開《あ》く」から始まり「明く」「飽く」「浮く」「置く」……さらに「招《を》く」まで、すべての「く」語尾を持つ動詞群に同じような意味が共通して存在するとすれば、それが原初的な「く」の意味ではないかと思えたからである。しかし分析は遅々としてすすまず、考えあぐねていた頃、その壁を破る可能性を示唆してくれたのが、第二章で眺めてきた意味論の「類似」や「連続」の原理であった。

類似の原理

たとえば、「刺《さ》す」のばあい、「指す」「射す」「鎖す」「点す」などへと意味が転じていく。これらは、すべて四段活用でもあり、あらゆる辞書を見ても同源として同じ「刺す」の項目に記してある。それはなぜなのであろうか。

相手を突き刺すという「刺す」の意味は、細長いもので刺す意である。「指さす」「日がさす」「カギをさす」「火をさす」などもよく観察してみると、細長い指や日光やカギなどを突き刺すという「類似の原理」が働いての転義であることに気づくであろう。同じく「かく」で表記される四段活用他動詞「掻く」「書く」「欠く」「舁く」「掛く」などを眺めてみよう。ところが「掻く」と「掛く」とは辞書では別項目として取り上げられている。理由は平安時代のアクセントが異なるからららしい。

しかしこれらには指などを曲げて皮膚などを「掻く」という動作を原義とすると、引っ掻いてこわすという「欠く」にも、腕を曲げてかつぐという「舁く」にも、曲がった勾《かぎ》などをかけるという「掛く」にも、「曲げて引っ掻く」などの似た動作があるのに気づくのである。アクセントの問題を一応棚上げすると、これらは同源ではないかと思われる。しかもこれらはすべて四段活用他動詞であるから、同源性はより確かだといえよう。

しかし下二段活用の「欠く」(こわれる)や「駆《か》く」(かける)となると、原義「掻く」(引っ掻く)とは意味的につながりにくい。

連続の原理

そこで、もうひとつの「連続」(結果＝原因)の原理を思い起こそう。

すると四段他動詞「欠く」(こわす)の結果が「こわれる」意の「欠く」(下二段自動詞)ではなかろうか。さらに「駆く」(かける)も土などを「引っ掻いた」結果「駆け出す」と考えられるであろう。

そこでこの連続性による四段他動詞からの下二段自動詞への転義の例を「く」語尾動詞のなかから拾いあげて検討してみよう。

「裂《さ》く」「透《す》く」「解《と》く」「抜く」「焼く」などがあり、これらは「裂く」と「裂ける」、「透く」と「透ける」……というように現代語では「ける」をつけて、「〇〇」の動作の結果が表現されているのがわかるのである。それゆえこれらの下二段自動詞形といわれるものは、古形四段他動詞の結果を示す転義と考えてさしつかえないと考えられる。ところが逆に、古形四段自動詞が下二段他動詞をつくる別のグループも存在する。

下二段他動詞形

たとえば「戸が開く」というばあいの四段自動詞「開《あ》く」は、下二段「開く」では、「手で開く」（開ける）というように他動詞となるのである。これらの四段自動詞→下二段他動詞の用例で「ける」をつけて認知できるものとしては、「開く」→「開ける」以外にも、「付く」→「付ける」、「漬く」→「漬ける」、「退《の》く」→「退ける」などを見いだすことができる。

ところが、「ける」による認知以前に語形を替えてしまったと思われる古語もある。

たとえば、四段「浮く」は「うかぶ」の意であったが、下二段「浮く」は「浮かべる」という他動詞なのであった。ほかにも、

「敷《し》く」（散らばる）→「敷く」（散らす）
「生く」（生きる）→「生く」（生かす）
「罷《ま》く」（帰る）→「罷く」（帰らせる）

などが、下二段他動詞形である。

これらはいずれも四段→下二段に活用形を替えることによって、「生きる」ようにする→「生かす」、「帰る」（四段、罷く）ようにする→「帰らせる」（下二、罷く）などの他動詞形ないし使役形を形づくっているのであり、先の「付く」（四段）→「付く」（下二、付ける）と本質的には同じ活用形による意味変化であるといえよう。

ところがこれらの意味変化は、先に述べた結果を示す自動詞形への変化と違い、「〇〇」の状態に「する」または「させる」という意味変化なのである。これは私たちがすでに見てきた転義の法則の「類似」や「連続」の原理とはまったく異質なもので、主体が他者や物を動かし変えるという他動や使役の概念による一種の転義なのである。それゆえにこの転義を「分化」と呼び、先の意味論にそった転義を「転化」といって区別することにしよう。

以上のように、古形四段活用から下二段に活用を替えて意味も転じるタイプは二種類が存在していたことがわかったと思う。まとめると、

古形四段他動詞↓下二段自動詞（欠ける　裂ける　透ける……など）

古形四段自動詞↓下二段他動詞（開ける　付ける　漬ける……など）

と記述できると思う。

しかもこれらはいずれも、古形は四段活用のほうであると推定される。なぜならば先に述

べたように、二つのタイプの下二段活用形はいずれも「ける」をつけることによって下二段形の意味をわれわれに認知させてくれているのであるが、「ける」のほうが新しい造語であることは語誌的に確かめられる事実だからである。

それゆえ、次に二音節動詞の語尾を分析していくばあいには、四段と下二段の対応語があったばあい、とくに注意して見ていく必要がある。なぜなら語源を探索するばあいには、古形を材料にせねばならぬという掟《おきて》があるからである。

ただし筆者のいう二音節動詞からは、次のような語はあらかじめ除外したことを断っておく。

「来経《きふ》」「卒寝《ゐぬ》」など複合動詞、「さ寝《ぬ》」「い寝《ぬ》」など接頭語をつけたもの、「化す」「秘む」など漢語由来、「食す」「召す」など尊敬語、「越ゆ」→「越す」などの他動詞形。

2――「p、b、m」の意味

ヤコブソンへの疑問

幼児が「一語文」で、最初に発する「papa」「mama」や「baba」は口唇音であり、次に歯音「t、d、n」が獲得され、最後は後舌音「k、g」の順序となる。この順序は世界共通であり、母音は「a」と「i」が区別され、次に「u」へと移り、「e」「o」は遅れるらしい。

日本語では、摩擦音「s、z」がこれらに遅れて認定され、流音「r」をもって終わるといわれてもいる。これらの獲得形式をR・ヤコブソン(4)の説から図示すると、次のようになる。

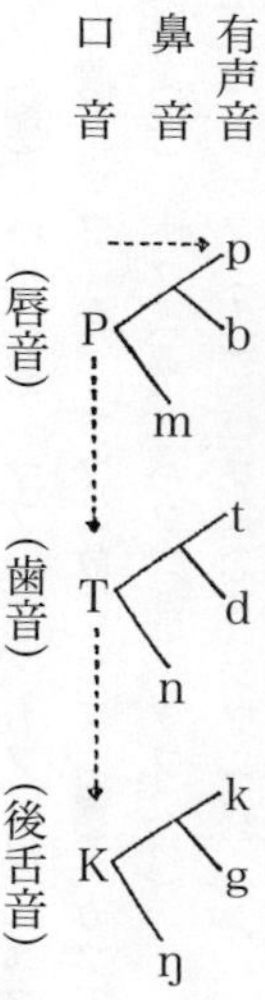

図1

これらの身体部位は、図2のごとく口腔のなかで「音」をつくっているグループである。

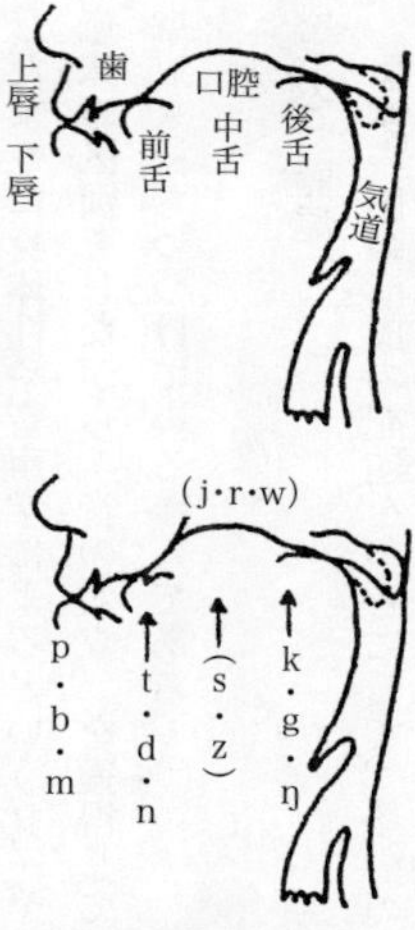

図2　小泉保『言語，四，7，No. 4』（大修館書店）より

それゆえ、筆者は「p、b、m」「t、d、n」「k、g」というように、グループごとに意味を確かめていこうと思う。

なぜならば、「papa」「mama」というように「p」と「m」を幼児が区別するのは、図1・2に示したように身体性や音声学によるというR・ヤコブソンの説だけではもの足りなく、むしろ意味の区別をしながら「音の対立」を獲得していっているのではないかという疑問を、第一章以来持ちつづけているからである。

「ふ」語尾

まず吉田金彦氏[5]の記述を参考にして、多少の補足などを加えながら「ふ」語尾動詞を検討する（ただし平仮名は乙類の音である）。

〈四段〉アフ（合）　イフ（言）　オフ（追）　オフ（負）　オフ（覆）　カフ（交）
カフ（買）　カフ（飼）　クフ（食）　こフ（乞）　シフ（癈疾）　スフ（吸）　とフ（弔）
ナフ（綯）　ハフ（延）　マフ（転）　もフ（思）　ユフ（結）　ヱフ（酔）
〈下二段〉アフ（合）　アフ（敢）　アフ（饗）　カフ（替）　カフ（交）　サフ（障）
タフ（遮）　ナフ（萎）　ハフ（延）　ヲフ（終）
〈上二段〉オフ（生）　コフ（恋）　シフ（強）

さてこれらのうち古形四段からの下二段自動詞や他動詞形は除外せねばならない。

それらにはまず下二段「合ふ」（合わせる）があろう。これは古形四段からの「合ふ」ように「する」という他動詞だからである。この相手に合わせるという下二段「合ふ」から、相手をもてなす（饗ふ）や相手に合わせてたえる（敢ふ）が転義している。さらに下二段

「延ふ」（はわせる）も四段「延ふ」の分化であろうし、下二段「替ふ」（かえる）や「交ふ」（まじわらせる）も四段「替ふ」「交ふ」の分化である。

以上大方、古形から転義したものを除外したのであるが、残った動詞の意味を眺めてみると、一群――二つのものが交流する、二群――二つのものが対立する、三群――二つのものがよじれるなどの三つの意味群に分けられるようである。それらを三群に分けて記してみよう（ただしカッコ内は転義である）。

一群――〝交流する〟もの
合《あ》ふ（会ふ　逢ふ）　言《い》ふ　生《お》ふ　負《お》ふ　覆《お》ふ　買《か》ふ　飼《か》ふ　食《く》ふ　乞《こ》ふ　恋《こ》ふ　吸《す》ふ
問《と》ふ（訪ふ　弔ふ）　思《も》ふ

二群――〝対立する〟もの
追《お》ふ　障《さ》ふ　強《し》ふ（誣ふ）　癈《し》ふ　遮《た》ふ（耐ふ）　酔《ゑ》ふ　終《を》ふ

三群――具体的に〝よじらせる〟もの
交《か》ふ　綯《な》ふ　萎《な》ふ　結《ゆ》ふ　延《は》ふ（這ふ）　回《ま》ふ（舞ふ）

これらを第一群から説明していこう。

まず二つのものがぴったり合うことや二人が出会うことや逢びきすること「合ふ　会ふ　逢ふ」が、二者間の交流であることは論をまつまい。コトバでコミュニケーションすること「言ふ」や「問ふ」、さらに「訪《と》ふ」や「弔《と》ふ」（とむらう）なども他者や死者との交流である。相手に「恋ふ」や「思《も》ふ」「乞《こ》ふ」も同じであろう。

他者と物々交換するのが「買ふ」であり、家畜との交流が「飼ふ」と考えられる。さらにアニミズムを発展させると、人と食物や飲み物などとの交流が「食ふ」や「吸ふ」ではないかと思われる。食物などもちゃんとした人格を持つものとして擬人化されていたのがアニミズム思考だからである。

最後に「負ふ」や「覆ふ」や「生ふ」（大きく育つ）などがあるが、これらも親子の愛情の交流として考えると納得がいくものであろう。以上一群にはすべて〝交流する〟という意が内在していたといえる。

次に第二の〝対立〟群に移ろう。

まず相手を追い駆けるなど「追ふ」は、主体と対象との対立である。相手に強制したり邪魔したりする「強《し》ふ」や「障《さ》ふ」もやはり対立である。この「強ふ」から、ののしる意「誣《し》ふ」が転義している。さらに相手をさえぎったり（遮《た》ふ）、たえたり（耐ふ）することも対立である。そして酒に酔ったり（酔《ゑ》ふ）、病で知覚麻痺に陥る（癈《し》ふ）なども、アニミズム的には酒や悪霊との対立と映ったと考えられる。

最後の「終《を》ふ」は良きにつけ悪しきにつけものごとが終わる意に使われるが、終わるということは関係が回復しない状態であり、一応対立を示すものとしてこの群に入れておこうと思う。

第三群は具体的なものがよじれたりからまったりする意であった。よじっていくのが、「延《は》ふ」（這ふ）であり、よじらせて縄《なわ》をなったり（綯《な》ふ）、よじらせて髪は結われる（結ふ）。さらによじれてよれよれになるのが「萎《な》ふ」であり、身体をよじらせて回うのが「回ふ」や「舞ふ」と考えられる。さらに「交《か》ふ」（まじわる）ことも、二つのものがよじりあうという意に変わりがない。

以上のように一、二、三群の交流、対立、よじらせるなどの意味に、すべての「ふ」語尾動詞が選り分けられるのを見てきた。この〝交流〟にしろ、〝対立〟にしろ、〝よじらせること〟にしろ、よく考えてみれば、良い感情が交流すれば〝交流〟のままでいいが、悪い感情などが交流すると〝対立〟の意となるのに気づくのである。さらに、〝よじらせる〟なども具体的なものをよじらせて交流させるという意であることもわかるであろう。

すると語頭の意が、たまたま人間にとって良いもの、悪いもの、具体的なものなどの区別により、動詞の意味が〝交流〟や〝対立〟や〝よじらせる〟などの意として受け止められるのであって、もともとは、「交流する」という意であったと考えてさしつかえないのではあるまいか。このことは語頭の意としてさまざまなものがあったと仮定しての話である。このような仮定をすれば「ふ」は次のように記せよう。

「ふ」……〝交流する（さす）〟

「ぶ」語尾

まず「ぶ」語尾動詞を列記することから始めてみよう。

〈四段〉オブ（帯）　とブ（飛）　ヨブ（呼）

〈下二段〉クブ（焼）スブ（統）ナブ（靡）のブ（延、述）

〈上二段〉カブ（黴）コブ（媚）サブ（寂、錆、荒）ツブ（禿）ニブ（鈍）

ネブ（老）のブ（延）ワブ（侘）

以上であるが、下二段で除外すべきは「延ぶ」（延べひろげる）や「述ぶ」であろう。これらは古形上二段「延ぶ」（ひろがる）の分化語と考えられるからである。

さて残された「ぶ」語尾動詞を概観してみると、まず「飛ぶ」（羽をひろげて飛ぶ）、「靡《な》ぶ」（旗などを広くたなびかせる）、「延《の》ぶ」（伸びひろがる）、「黴《か》ぶ」（カビがひろがる）など、一点から周囲にひろがる意を持つ語があるのに気づく。次に「錆《さ》ぶ」「禿《つ》ぶ」「鈍《に》ぶ」「侘《わ》ぶ」などには、生気や鋭さが「飛び散る」などの意がありそうである。これらをさらにくわしく考察してみよう。

まず鳥が飛ぶときには羽を周囲にひろげて飛ぶものである（飛ぶ）。次に旗などをたなびかせるときもひろげてなびかせる（靡《な》ぶ）し、薪《まき》などをくべるときもポンポンと四方にひろげてくべる（焼《く》ぶ）。伸びたりひろがる、という「延《の》ぶ」はまったく「周囲にひろがる」意である。さらに「黴《か》ぶ」とは放射線状にカビがひろがりながら生えていくのもわかるであろう。

さらに尖った刃物などの先が飛び散って円くなるのが「禿《つ》ぶ」であり、錆つくのが「錆《さ》ぶ」と考えられる。この「錆つく」という「錆ぶ」は転義されて、心が寂しかったりすさむなどの「寂《さ》ぶ」や「荒《さ》ぶ」に転じている。

同じく鮮やかな色が飛び散って鈍色《にびいろ》になるなどが「鈍《に》ぶ」であり、若さなどが飛び散ってなくなるのが「年をとる」などの「老《ね》ぶ」であろう。子どもらしさなどが飛び散って急に大人びるのが、「媚《こ》ぶ」（こびる）である。

最後の「呼ぶ」や「統《す》ぶ」（統治する）には多少の問題が残るのである。「呼ぶ」とは人びとを呼び集めるなど動作は中心に向かい、飛び散りとは逆の動きであるし、「統ぶ」やその同源語「窄《す》ぶ」（すぼめる）などもバラバラなものを中心にまとめることだからである。

しかし「呼ばねばならない」「統べねばならない」という状況を考えてみると、それは集団のメンバーなどがバラバラに周囲に離散していたり、領地がひろがりすぎているからこそ、「呼び」「統べ」ねばならぬと映ったのではなかろうか。それゆえ「飛び散りすぎている」などの「ぶ」語尾を用いて、「呼ぶ」や「統ぶ」が造語されたとも考えられるのである。

以上のように「ぶ」語尾動詞にはすべて〝飛び散る〟という共通した意があったので、語尾「ぶ」は次のように記せるであろう。

「ぶ」……〝飛び散る（らす）〟

「む」語尾

さて「p」音は二つのものが〝交流する〟などの意味であり、「b」音は周囲に〝飛び散る〟意であったが、はたして「m」音はどんな意なのであろうか。列記すると、

〈四段〉アム（編）イム（忌）ウム（熟）ウム（産）ウム（倦）ウム（積）
カム（噛）クム（汲）クム（組）コム（子産）シム（染）シム（凍）スム（住）
スム（澄）そム（染）タム（彩）タム（訛）ツム（積）ツム（採）トム（富）
ナム（並）ナム（嘗）のム（祈）ハム（食）フム（踏）モム（揉）ヤム（止）
ヤム（病）よム（数）ヱム（笑）

〈下二段〉ウム（埋）こム（込）サム（醒）シム（締）セム（責）そム（染）
そム（初）タム（曲）タム（留）ツム（詰）とム（求）とム（止）ナム（並）
ハム（嵌）ホム（誉）ヤム（止）

〈上二段〉アム（浴）こム（込）シム（凍）タム（廻）

以上であるが、明らかに下二段で除外しておくべきものには、「込《こ》む」「染《そ》む」「初《そ》む」「止《と》む」「嵌《は》む」「止《や》む」があろう。それらには古形四段や上二段が存在するからである。

さてこれらの動詞を二群に分けて考察を加えてみることにしよう。それらは、周囲から平面的に集中する（させる）群と、立体空間や容器などが充満する（させる）という二群である。

まず平面の〝集中〟群——

「編む」や「組む」などは外わくを決めておいて、その平面を外側から内に向かって竹や木を編んだり組んだりして埋めつくす（集中させる）ことである。「績《う》む」（糸による）も、何本かの糸を集中させて太い糸によりあわすことである。同じく、布など平面的なものに色が「染《そ》む」（そまる）、「染《し》む」（色がしみる）なども〝色の集中〟といえるし、色を塗って平面を埋める「彩《た》む」（彩色する）も同じである。

次に人の歯に力を入れて集中させるのが「嚙《カ》む」や「咬《か》む」や「つむ」（前歯でかじる）であり、人間の爪などに力を入れて集中させるのが「抓《つ》む　摘《つ》む」である。人の手で首などをしめるときの「締《し》む」も、この力の集中といえるであろう。この「締む」から「標《し》む　占《し》む」（土地に標識を立てて自分のものとする）が転義している。

さらに土地などをぐるっと見てまわるというのが「廻《た》む」であり、まわりめぐって探し求める「尋《と》む　求む」などには、周囲から中心に向かってめぐるという集中の意があるであろう。このような周辺をめぐる運動がやむのが「止《や》む」であり、とまるのが「止《と》む」であろう。そして対象のまわりを囲むなどが「迫《せ》む」であり、身動きさせなくするのが「極《き》む」である。

これら「廻《た》む」「尋《と》む」「止《と》む」「止《や》む」「迫《せ》む」「極《き》む」には、周囲から中心に向かう動きの集中が見られたといえよう。

多少毛色の変わったものでは、「睨《ね》む」（にらむ）がある。これも見えている視野を相手なら相手に狭め（集中させ）てにらみつけることだから集中群に入れておこう。

第二の、立体（容器など）が充満する群――

まず「産む」や「こむ」（子産）などの「む」は胎児が母体の子宮のなかでいっぱいに充満して産道から出てくる意からであろう。さらに中身が充満して熟れたりするのに、「熟《う》む」（成熟する）や「膿《う》む」（化膿する）があろう。体内にいや気などが充満するのが「倦《う》む」（いやになる）であり、悪霊などが充満すると「病む」となろう。寒さや精気が充満するのが、「冷《さ》む」「凍《し》む」や「覚《さ》む　醒《さ》む」であろう。この「醒む」から「褪《さ》む」（さめる）が転義している。

コトバの訛《なま》りが充満するのが「訛《た》む」（なまって発音する）であり、弓矢などに力を充満させてねらいをつけるのが「揉《た》む　矯む」であろう。喜びなどが充満するのが「笑《ゑ》む」である。

これらは人体に中身や感情が充満するというほどの意であった。

逆に人体内を充満させるというほどの語群もある。人体に食物や飲料水が入る「食《は》む」や「嘗《な》む」や「飲む」などが、それであろう。

さてこれまで人体の充満などを見てきたが、次に人間の住居や土地について眺めてみよう。

家屋や土地に人びとが充満することが「住む」や「籠《こ》む」（混雑する）であろうし、家が財産などでいっぱいになるのが「富む」であろう。「住む」から「澄《す》む」や「済《す》む」が転義している。「住む」とは悪霊がいないなど「澄んだ」ところが望まれたであろうし、「済む」

は鎌倉時代に「澄む」から転義したといわれているものである。

次に、穴や容器になにものかを入れて充満させるという意を持つ動詞群がある。

容器に水などをくむのが「汲《く》む」であり、箱や籠に詰めたり（詰む）、倉庫に積んだり（積む）、溜《た》めたり（溜む）するなどの動詞群がそれである。さらに穴に埋めたり（埋む）、踏みつけたり（踏む）、手のなかでゴシゴシ揉《も》む（揉む）なども、空間のなかで充満させる意であるのがわかるであろう。

最後に、コトバを相手や神に投げかけるなど、充満させる意の「褒《ほ》む」「詠《よ》む」（数む）「祈《の》む」などがある。

ただし「浴《あ》む」と「並《な》む」については考察を加えなかった。なぜなら「m」⇅「b」という子音交換形「浴む」⇅「浴ぶ」、「並む」⇅「並ぶ」という二種が存在し、いずれが古形か判定しにくいからである。

さて以上のように、すべての「む」語尾動詞には、「平面の集中」か「立体の充満」という意のいずれかが存在することを見てきた。

しかも、「平面」と「立体」は幼児が最初は区別できないように、また古代の絵画などでも立体感がないなど、平面と立体はアニミズムでは混同されていたのではないかと考えられるのである。そこで平面の集中と立体の充満のいずれをも表現できるコトバを探してみると、「いっぱいになる」という便利なコトバがあるのに気づく。それゆえ「む」を次のように記そう。

「む」……〝いっぱいになる（する）〟

「p、b、m」対立

以上見てきた「p」「b」「m」の意をまとめてみると、「p」は〝交流する〟意であり、「b」は〝飛び散る〟意であり、「m」は〝いっぱいになる〟というほどの意であった。わかりやすくするために、図示すると、「p、b、m」は、

無声音「ふ」　有声音「ぶ」　鼻音「む」

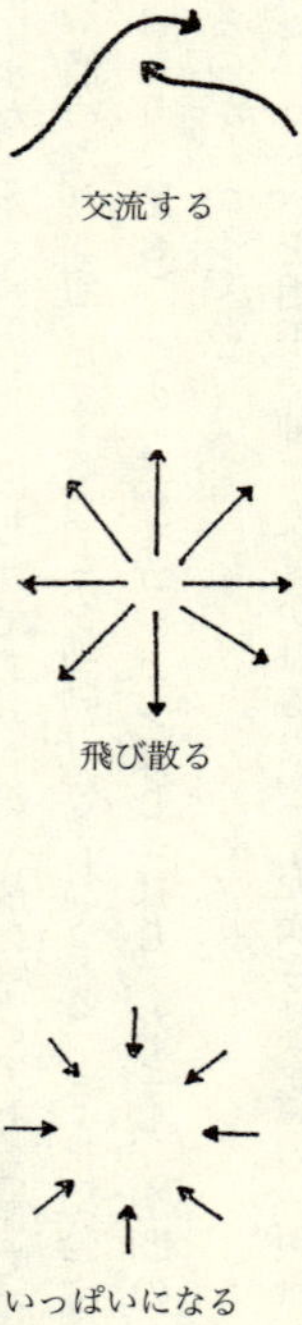

図3

と描くことができるであろう。

さて幼児は、最初の一語文で「papa」「mama」というように「p」と「m」の音の対立（区別）を認識し、次に「p」と「b」の対立を区別するというR・ヤコブソンの説は先に見たとおりである。それらは「p」「b」「m」の無声、有声、鼻音という発声法に帰すことができるという主張でもあった。しかし図3のごとく、意味においても「p」の〝交流〟と「b」の〝拡散〟にはやや反対の意があるし、「b」（拡散）と「m」（集中）はまったく反対の意味なのである。

さらに「p」が二者間の交流なのに対して、「m」は多数のものの周囲からの一方的な集中という意なのであった。

このように「p、b、m」はそのおのおのの意味において、その強弱があるにしろ対立（反対）があったといえるであろう。このことは古い日本語においてはきちんと区別されて意味づけられていたことを示しているとともに、幼児が音と音とを区別する時期に「意味的対立」によって認知しているのではないかという、ひとつの証拠となるであろう。

次に幼児は、口唇音「p、b、m」と歯音「t、d、n」とをそれぞれ区別しはじめる。つまり、「papa」と「tata」、「baba」と「dada」、「mama」と「nana」というように、無声音は無声音同士、有声音は有声音同士、「口唇音」と「歯音」のあいだに対立を見つけ、同時に歯音「t、d、n」のあいだでも互いに対立を見つけはじめるといわれている。

そのことを念頭に置いて、次に「t、d、n」の意味の分析に移ることにしよう。

3――「t、d、n」の意味

「つ」語尾

それではまず「つ」語尾から意味の検討を始めることにする。

〈四段〉ウツ（打）カツ（勝）けツ（消）タツ（立）タツ（絶）ヒツ（漬）
マツ（待）ミツ（満）もツ（持）

〈下二段〉アツ（充）イツ（凍）ウツ（棄）カツ（克）カツ（合）スツ（捨）
タツ（立）ツツ（伝）ハツ（果）ヒツ（漬）フツ（?）ミツ（満）もツ（持）

〈上二段〉オツ（落）クツ（朽）ヲツ（変若）

以上から除外するものは、「消《け》つ」（「消す」とともに単音節動詞「消《く》」の他動詞形という）や、下二段「立つ」「漬《ひ》つ」「満つ」「持つ」があろう。これらには古形四段活用が存在するからである。

さてこれらの動詞をよく観察してみると、一群――戦いや衝突でとくに勝利する意、二群――戦いや衝突で敗北する意をあらわすもの、の二群に分けて記述できそうである。

一群――戦いや衝突でとくに勝利する意

まず相手や的に当てる意「当《あ》つ」は衝突させる意である。この「当つ」から、あてがう意や割りあてる意「充《あ》つ」「宛《あ》つ」が転義している。同じく「打つ」が戦いや衝突であり、さらに「撃つ　討つ」なども同源だろう。「勝つ」はまさに「戦いの勝利」である。同音で穀物をつく意の「搗《か》つ」には、キネと穀物とを衝突させる意があり、さらに穀物同士を混ぜあわせるという「交《か》つ　糅《か》つ」が転義していよう。

立ち上がるという「立つ」には、源頼朝「立つ」にしろ「立候補」にしろ、〝戦い〟のイメージがある。この立体的に立つ意が平面的な「発つ」（出発する）意を転義させている。さらに相手の息の根を止める「絶つ」や二つに切り裂く「断つ」には、戦いや衝突の意があるのが容易にうなずけよう。

水面がギリギリまで満ちたり、月日が満ちるなどの「満つ」にも、ギリギリの衝突（水面と防波堤などとの）の意がある。同じく「びっしょり濡れる」などの「漬《ひ》つ」にも、雨などに打たれるなどの水との衝突があろう。

自分のものとして保持するなどの「持つ」の独占という意は、原始共産制を考慮するならば、共有制に対する〝挑戦や衝突〟の意だったのだろうか。ここにうっすらと衝突の意が残されているようである。

さらに「復《を》つ」とは若さが戻るというほどの意であるが、若さが戻るということは「戦い」の力などが増すと考えられていたのではなかろうか。

「待つ」にも、戦いや衝突の時期までギリギリと待ちつづける衝突の意があることは確かである。最後の伝言などを伝えるという「伝《つ》つ」を考えてみよう。ある伝言を次の者に伝える瞬間には「伝言を衝突さす」というほどの意があるのも事実なのである。

以上「当つ」「打つ」「勝つ」「搗つ」「立つ」「断つ」「満つ」「漬つ」「持つ」「復つ」「待つ」「伝つ」には、〝戦いや衝突〟の意があった。

次に〝戦いや衝突〟の結果が、敗北を示す語群を見てみよう。

二群――戦いや衝突で敗北をあらわすもの

まず凍てつくと呼ばれる氷結する意の「凍《い》つ」を考えてみよう。氷結とは、万物の精霊などがギリギリまで頑張っていたのが、敗北して凍結してしまうなどとして映っていたのではなかろうか。ここに衝突の結果、敗北するなどの意があろう。

次の「棄《う》つ」「捨《す》つ」はいずれも「すてる」意であるが、これも戦いの結果、守りきれなくて「すてる」などではなかろうか。なぜならば次の下二段「果つ」や「ふつ」（ふてくされる）なども、戦いや衝突の結果、果てる、ふてくされるなどとして、古形四段活用の結果を示す下二段自動詞形の意として考えられるからである。これらにはうっすらと古形四段の影が感じられるのである。

しかしこれら下二段「凍《い》つ」「棄《う》つ　捨つ」「果つ」「ふつ」などの敗北群をなにも古形四段活用の結果としてとらえなくても、次の上二段活用「落つ」や「朽つ」などと同じく、アニミズム的に解釈することも可能であろう。

つまり、主体が「落ちる」ことや「朽ちる」ことは敗北にちがいないが、これをアニミズム的に主客を逆転させてみると、相手が勝ってこちらが敗北したという意味にもとれるからである。このように考えると、一見敗北群に見えるこれらの動詞群は、「客体が戦う、衝突してくる」という意からかもしれない。いずれにしろ「つ」語尾は、次のように記せよう。

「つ」……主体または客体が〝戦う〟〝衝突する〟

「づ」語尾

まず「づ」語尾動詞を掲げてみよう。

〈下二段〉イヅ（出）シヅ（垂）タヅ（温湿布）ナヅ（撫）めヅ（愛）ユヅ（茹）

〈上二段〉オヅ（怖）トヅ（閉）ネヅ（捻）ハヅ（恥）よヅ（攀）

以上であるが、これらを分析していくと、語尾「つ」の〝戦いや衝突〟と逆の〝戦わない衝突しない〟などの意が浮かびあがってきた。

まず、傷などを温湿布するなどの「たでる」ことや温浴する「ゆでる」などの意「たづ」や「茹《ゆ》づ」は、傷などを静かになぜるなどの意であり、傷と湯や温布とを衝突させない療法ということができよう。これが「たづ」や「茹づ」の〝衝突させない〟意と考えられる。同じように「撫《な》づ」（なでる）もそうであり、「水を垂らす」などの「垂《し》づ」も、ジャージャーと水を衝突させないでそろそろと「垂らす」ことである。「ねじった」り「よじった」り

「閉じた」りする「捻《ね》づ」や「攀《よ》づ」や「閉《と》づ」にも、このような〝ゆっくり締める〟などの意があるのがわかるであろう。

次に人間の心理のうち、「恐怖」や「おそれ」のため〝戦わない〟などの意を持つ一群がある。

まず「怖《お》づ」（おそれる）や「恥《は》づ」に気づくであろう。さらにすすんで相手をかわいがるという「愛《め》づ」には〝相手と戦わない〟意があるのも確かなことである。

最後に「出《い》づ」が残ったが、出ていくことには衝突を避けるというニュアンスがうっすらと感じられるのは筆者だけだろうか。

以上のように「づ」語尾動詞は、〝衝突しない〟〝戦わない〟などの意を持っていたことがわかったと思う。これは先の「つ」の〝戦いや衝突〟とまったく反対の意なのでもあった。

「づ」……〝戦わない〟〝衝突しない〟

「ぬ」語尾

「ぬ」語尾動詞を列記すると、

〈四段〉 シヌ（萎）

〈ナ変〉 イヌ（去） シヌ（死）

〈下二段〉 カヌ（兼） コヌ（捏） スヌ（拗） ハヌ（刎、撥）

ここで「死ぬ」は漢語由来であるから除外するが、吉田氏[5]は古形「萎《し》ぬ」を推定しておられる。

さて、これら「ぬ」語尾には共通して、「なくなる」または「なくする」というほどの意があるようである。

まず吉田氏の「死ぬ」の古形「萎《し》ぬ」(しなゆ　しなぶる　しのふなどのシナ、シノに残っている)や「去《い》ぬ」(なくなる)には、いずれも推定した「ぬ」の持つ「なくなる」という意があるのがわかる。

次に相手の領地などを「併合する」意の「兼《か》ぬ」は、相手の土地などを「なくならせる」ことであり、粉に水などをまぜて「こねる」意の「捏《こ》ぬ」も、考え方によっては「粉」などが「なくなる」までこねあげることである。首をはねるばあいの「刎《は》ぬ」も、首を胴からはねて「なくならせる」意があるであろう。

最後に、古形四段からの結果を示すと考えられる自動詞形「拗《す》ぬ」(すねる)がある。この「すねる」という心理は、土居氏[6]によると、願望や「甘え」がみたされないから、つまり「なくなる」から「すねる」のだといわれている。それゆえ、愛情喪失という、ひとつの「無」の結果が「すねる」であると考えてさしつかえないであろう。

以上のように「ぬ」語尾には「なくなる」や「なくする」意が共通してあったといえよう。

「ぬ」……〝なくなる（する）〟

「t、d、n」対立

「t」が〝戦いや衝突〟であり、「d」は〝戦わない〟だから「t」と「d」は反対の意だったのである。さらに「n」も「なくなる」であるから、〝戦い〟と〝無〟は反対の意であるともいえよう。

最後の「d」（戦わない）と「n」（無）は似てはいるが、〝戦わない〟ことは「死」などの「無」を避ける行為だと考えると、多少の意味の対立もあるのに気づくであろう。

「p、b、m」と「t、d、n」

さて、ここまで口唇音「p、b、m」と歯音「t、d、n」の内部における意味対立を眺めてきたわけである。そこで再度、幼児の言語獲得に戻ってみよう。幼児はまず「p、b、m」の対立を獲得すると、次にこれらの口唇音は歯音「t、d、n」と対立を起こすといったR・ヤコブソンの説を思い出していただきたい。

それは、無声音「p―t」、有声音「b―d」、鼻音「m―n」はそれぞれ音の対立として幼児には獲得されるという主張であった。はたして意味の対立はどうなのであろうか、ここで考察してみることにしよう。

「p―t」対立。「p」は〝交流〟で「t」は〝戦い〟だから、〝交流〟と〝戦い〟は反対の意であることがわかる。

「b―d」対立。「b」が〝拡散〟であり、「d」は〝戦わない〟などの意であった。拡散と戦わず降伏するなどは反対の意があろう。

「m―n」対立。「m」は〝集中、充満〟であり、「n」は〝なくなる〟意であった。充満と無はまさに反対の意である。

以上のように「p、b、m」「t、d、n」は、それぞれの内部において「pとbとm」などの意味の対立と同時に、同じ発声法同士「p―t」「b―d」「m―n」などにも対立があったのである。幼児はこのような意味の対立を意識しながら「一語文」をひろげていくのではなかろうか。これらをまとめて図4に示しておくことにする。

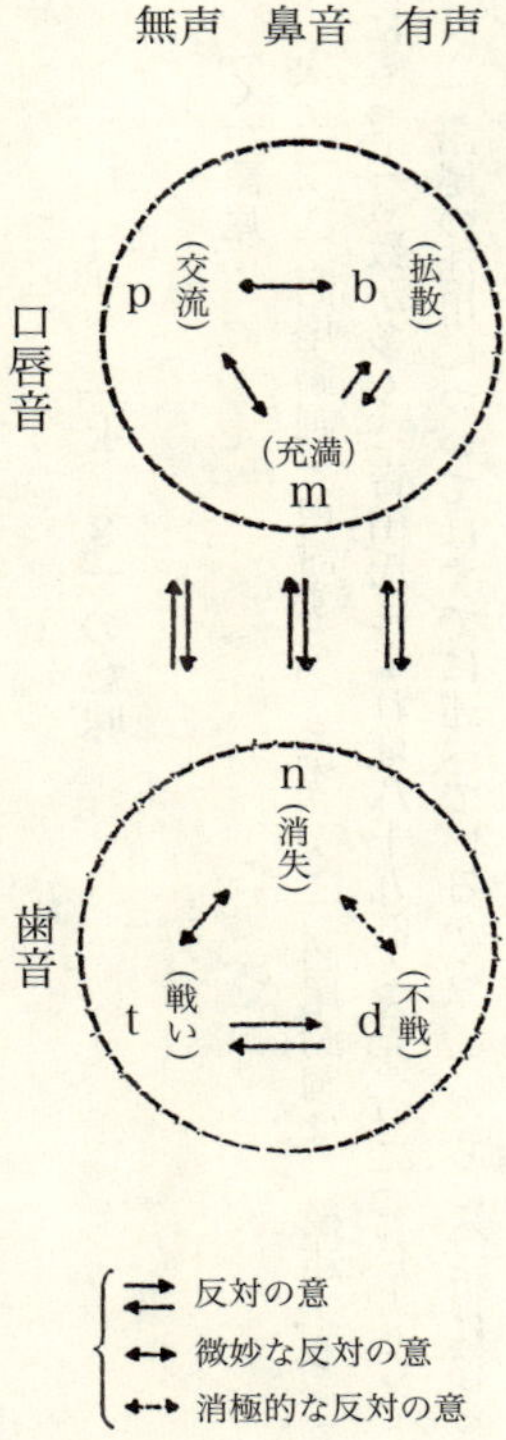

図4

4――「k、g」の意味

「く」語尾

次に「く」語尾動詞を検討する。まず「く」語尾動詞は、後述する「る」語尾動詞とともにもっとも数が多く、吉田氏[5]によれば八十九例（全体の二二パーセント）に達する。この「く」語尾の活用についてはすでに述べているから、ただちに分析に移ることにしよう。

　そこでそれらを意味別に分類すると、一群――身体、とくに手足の働きを示すもの、二群――身体の内容物、体液、感情などが働くもの、三群――外界の事物が働くもの、の三群に分けられそうである。それらを端的に記述してみると、

　一群――身体、とくに手足の働きを示すもの

「行く」（足で行く）「浮く」（手足を動かし水などに浮く）「受く」（手で受け取める）「置く」（手で置く）「起く」（手足で起き上がる）「掻く」（手で掻く。掛く、舁く、欠く、駆くなどは転義）「利《き》く」（腕が利くなど）「漏《く》く」（手足ですきまをくぐる）「転《こ》く」（足が転ぶ）「裂く」（手でさく）「及《し》く」（足で追いつく）「敷く」（手で敷く）「透《す》く」（手ですきまをすく）「食《す》く」（手で食べる）「急《せ》く」（足でいそぐ）「塞《せ》く」（手でせき止める）「退《そ》く」（足でしりぞく）「長《た》く、闌《た》く」（手で高く上げる）「焚《た》く」（手で）「着く」（足で）

「突く」（手で）「解《と》く」（手で帯などを）「貫《ぬ》く」（手で着る）「抜く」（手で）「退く」（足で）「佩《は》く」（手で）「掃く」（手で）「引く」（手で）「振《ふ》く」（手で振り動かす）「巻く」（手で）「枕《ま》く」（手足で抱く）「向く」（身体が向きを変える）「剝《む》く」（手で）「焼く」（手で）「分く」（手で分ける）

以上のようにこれらは人の手や足を使っての動作を示す語群であることがわかる。

二群――人間の身体内容、体液、息、ガス、さらに知能や五感などが外界に出て働くもの

「穿《う》く」（かさぶたが取れ膿汁が出る）「泣く」（涙とか泣き声が出る）「吐《つ》く　吐《は》く」（胃液などを吐く）など、体液などが外に出るもの。

「放《こ》く」（コトバを）「祝《ほ》く」（祝言を）「咳く」（せきを）「吹く」（吐息を）など、コトバやガスが外に出るもの。

「聴く」（聴覚が）「飽く」（いや気が）「嫉く」（ねたみが）「好く」（好意が）「惚《ほ》く」（喜びが）など知覚や感情が外に出て働くもの。

三群――外界の事物などが働くもの

「開く」（戸が）「明く」（夜が）「咲く」（花が）「更く」（夜が）「沸く」（湯が）、さらに、風が吹くとか鳥が鳴くなどもあるが、人間の「息吹く」や「泣く」からの転義と考えられる。

以上、「手足など身体」「体液、感覚など身体内容物」さらに「外界の事物」などが「働

く」とか「外に出て作用する」というほどの意が共通して見られたと思う。それゆえ「く」語尾は、「働く」とか「働きかける」などの意と記せるだろう。

「く」……〝働きかける〟

「ぐ」語尾

「ぐ」語尾動詞を検討していると、次のような「く」語尾動詞と反対の意を示す対の動詞が見つかってくる。

子どもが「泣く」と泣きやむこと「和ぐ」は、「なく」⇅「なぐ」というまったく語尾の違いのみで語全体の意が反対の意味となっているのである。次に貫頭衣《かんとうい》など衣服を「貫《ぬ》く」と、それを「脱ぐ」もこの例であり、さらにハカマなどを「佩《は》く」と、逆にはぎとる意「剝《は》ぐ」も反対の意である。さらに相手に関心を示して離れないなどの「好《す》く」と、それとは逆に、関心を示さず過ぎ去る意「過《す》ぐ」も反対の意がうかがえるであろう。

ここまで述べると大方の読者は、「く」が〝働きかける〟などの意であったから「ぐ」は逆の〝働かない〟の意であることに気づかれたことと思う。このようなことを念頭に置いて、「ぐ」語尾動詞を分析していくとどうなるであろうか。

先の「脱《ぬ》ぐ」や「剝《は》ぐ」は、衣服を着ていたり太刀《たち》を佩《は》いていたものを取りはずしたりして〝働かなくする〟というほどの意であるが、このように本来働いているはずのものを〝働かなくする〞という系列の動詞が数多く見られるようである。

つまりそいだり（殺《そ》ぐ）、へいだり（削《へ》ぐ）、磨いだり（磨《と》ぐ）、まっすぐなものを曲げたり（曲ぐ）、輪にしたり（綰《わ》ぐ）、こわしたり（めぐ）、ちぎったり（捥《も》ぐ）、なぎ倒したり（薙《な》ぐ）などがこの系列であろう。

次に獲物が逃げたり（逃ぐ）、パンが焦《こ》げたり（焦ぐ）するなどにも、〝うまく働かない〟という「ぐ」の意味があるであろう。

さらに作業など労働を実際止めさせるなどの〝働かせない〟という意を持つ語がある。〝上がってよろしい〟などの「上ぐ」や〝下がんなさい〟などの「下ぐ」には労働の中止の意がある。

同じく「関心を示さず過ぎ去る」などの「過ぐ」も、対象に〝働きかけない〟という意が内在しているのがわかるであろう。

最後の群である「接《つ》ぐ」「嗅《か》ぐ」「漕《こ》ぐ」などはひじょうにわかりにくくなっていて、〝働かない〟という意は、もはやぼんやりと薄らいでしまっている。しかし刃物が折れたりして〝働かなくなった〟とき「接《つ》い」で使うなどのように、ある事物などが作用しなくなったときの連続する動作などではないかというように眺めてみると、うっすらと〝働かない〟などの意が逆算できるものとなる。つまり折れたから「接《つ》ぐ」、匂いが立たないから「嗅《か》ぐ」、歩けなくなったから「漕《こ》ぐ」（ぬかるみをかき分けて行く）などとすると、理解できるものとなろう。

　このように「ぐ」語尾は多少の意味の屈曲があるが、次のように記せると思う。

　「ぐ」……〝働かない（なくする）〟

5——その他の語尾

　その他の「su」「zu」「yu」「ru」「wu」などの意は枚数の関係で割愛し、結論だけ書き記すことにする。必要があれば拙著(7)を参照していただければありがたい。

　「す」……〝力や量が増大する〟〝力を加える〟

　「ず」……〝力を加えない〟

　「ゆ」……〝変化する〟

　「る」……〝輪廻《りんね》する〟（分離か、消褪か）

　「う」……〝保存する〟〝保持する〟

　以上であるが、これらをわかりやすくするため、次ページに五十音別に図示しておく。

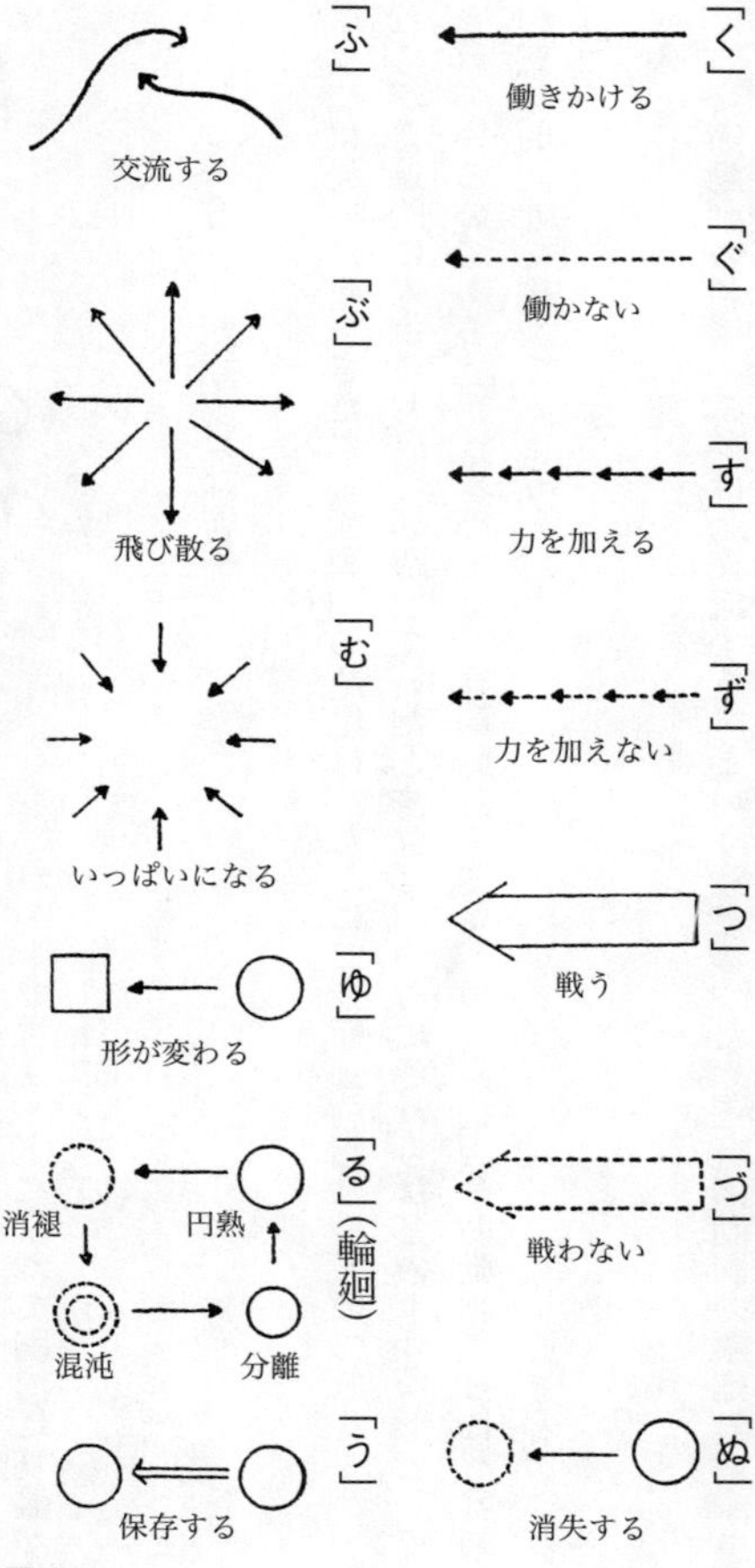

図5

このように「k、g」「s、z」「t、d、n」「p、b、m」「y、r、w」という五十音図は、次ページの図6下のごとく後舌から前舌さらに舌尖などというように順序よく並んでいる音なのである。しかもそのグループ内においては「意味の対立」がはっきりと示されているふしがあった。

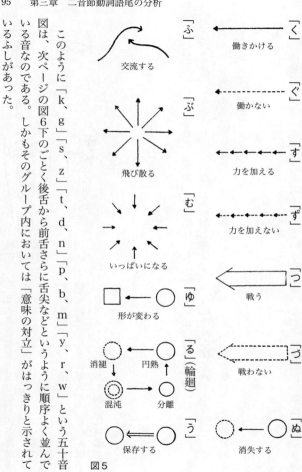

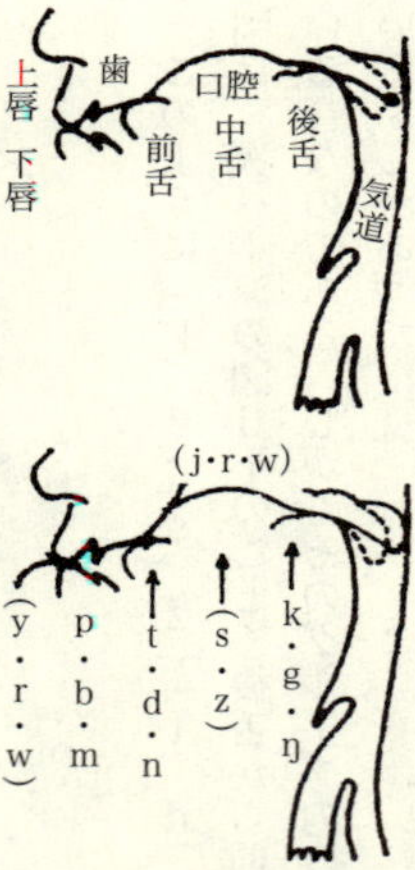

図6　小泉保『言語，四，7，No. 4』（大修館書店）より

このことは音と意味の脳内基盤をうかがわせるものであろう。なぜならば図6上下のように、前舌、中舌、後舌、さらに有声、無声、鼻音などの区別は口腔でなされており、それらはペンフィールドによって脳内に基盤が想定されているのである。

6――語尾音の消長

すでに見いだしてきた二音節動詞の語尾は、たんに二音節動詞だけのものであろうか。それらが普遍的に太古において活躍していたとすれば、のちにそれらはどのような形として残されているのであろうか。本節では三音節動詞の語尾、単音節動詞や助動詞さらに形容詞との意味的関連を探ってみようと思う。

ふ

二音節動詞の語尾「ふ」は〝交流する〟という意であった。三音節動詞の語尾のいくつかについてはまず大野氏の「合ふ」説が有名で、「言《こと》」「向《む》く」「噛《は》む」「引《ひ》く」などに「合ふ」がついて「答ふ」「迎ふ」「構ふ」「控ふ」などが造語されたという主張がある。「迎ふ」とは「向く＋合ふ」で互いに向きあって歓迎するなどの意となるのだというが、なにも「合ふ」と関連しなくても拙説の「ふ」（交流する）で充分説明できると思われる。「迎ふ」とは「向いて交流する」（向く＋ふ）ことだからである。

次に中西氏(8)は、「受《う》く」「告《の》る」「祈《ね》ぐ」などに「ふ」がついた「誓《うけ》ふ」「呪《のろ》ふ」「願《ねが》ふ」などの造語に神を相手にしたときのような神秘性を見ぬいておられるが、これらもおそらく「神との交流」などという「ふ」の意が加わるからだとも考えられるのである。

さて反復・継続の助動詞といわれる「ふ」は動詞について、「付かふ」「継がふ」などとなると、「たびたび付く」（反復）、「長く継いでいく」（継続）などの意が持たされるという。これらの助動詞「ふ」も拙説の「ふ」で説明でき、「付く」などが交流すると、「たびたび付く」など反復の意となろうし、「継ぐ」などが交流すると、一人が死ぬと次が継ぎ、また他が継ぐというように「長く継いでいく」という意になることもわかるからである。

最後に単音節動詞について考えてみよう。まず縦糸と横糸を交差させるという「綜《ふ》」は筆者の「ふ」の交流させる意からと考えてよいし、経過するという「経」は、交流の結果（下二段化）を示す自動詞形であろう。しかし上二段「乾」は息を吹きかける「p」音から乾燥する意となったと考えられるし、さらにくしゃみするの「嚔《ふ》」などもハクションという擬声音のようである。

以上のように擬声音をのぞくと三音節動詞の語尾や助動詞や単音節動詞などの「ふ」は、筆者のいう二音節動詞の語尾「ふ」の発展や消長した姿と推定される。そして多分「ふ」は古く単音節動詞であったことがうかがえるのである。

ぶ

「ぶ」音など濁音は、古くわが国では名詞の語頭には立たなかったからであろうか、単音節語としては残っているものがなく、ただ三音節以上の動詞にうかがえる程度である。「叫《さけ》ぶ」「哭《おら》ぶ」など声を〝飛び散らせ〟たり、「亡《ほろ》ぶ」など〝飛び散ってなくなる〟というような「ぶ」の意を持つ動詞が見いだせる。さらに、「喜ぶ」「悲しぶ」などの心理や形容詞的なものを動詞化する接尾語として残っている。ここにも感情などが〝飛び散る〟意があるからであろう。

む

「む」の〝集中や充満〟は名詞について、「腹」→「孕《はら》む」、「窪《くぼ》」→「凹《くぼ》む」、「壺《つぼ》」→「蕾《つぼ》む」などを造語しているが、これらも腹の充満や窪や壺の集中として理解できる。さらに、「萎《な》ゆ」→「悩む」、「撫《な》づ」→「宥《なだ》む」、「揚《あ》ぐ」→「崇《あが》む」など、動詞についた「む」は無数にあり、これらにも「む」（集中、充満）の意が付加されて造語されているのがわかるであろう。以下は簡単に記すことにする。

単音節動詞「廻《む》」（上二　まわる）……〝集中〟

形容詞「茂《も》し」……〝充満〟

意志、催促、推量の助動詞「む」……〝集中〟

などにも「集中や充満」の意が残っていることがうかがえる。

つ・ぬ

「つ」（戦い、衝突）からは形容詞「鋭《と》し」が、「ぬ」（なくなる）からは「無し」や「寝《ぬ》」（上二　ねむる）が造語されているのがわかる。

とくに「つ」と「ぬ」で特記したいのは、同じ完了をあらわすといわれている助動詞「つ」と「ぬ」についてである。これらは上代上接する語に区別があったし、「つ」が積極的完了で、「ぬ」が消極的などの区別もあったという。(9)これは「つ」の〝戦い〟と「ぬ」の〝なくなる〟の違いによるためと考えられる。さらに「ぬ」には、否定の助動詞「ぬ」（〜しない）が見られる。

その他

「く」の〝働きかける〟からは行く意などの「来《く》」（カ変）ができ、〝働きかけ〟の結果が「消《く》」（下二 消える）であろう。さらに〝働きかけたい〟ほど獲物が「濃密」なことが「濃《こ》し」であろう。

「す」の〝力を加える〟からは「為《す》」（サ変）が造語され、〝力を加えてひろげたい〟などから「狭《さ》し」（せまい）がつくられていよう。

「ず」の〝力を加えない〟からは否定の「ず」。

「ゆ」（変わる）からは可能の「ゆ」、さらに許可などの意「良《え》し」。

「う」の〝保持〟からはそのまま、「居」（とどまる）など定住の意ができたと考えられるのである。

以上のように語尾「ふ」「ぶ」「む」「つ」「ぬ」「く」「す」「ず」「ゆ」「う」などは古くは独立語であり、そののち単音節動詞「綜《ふ》」「経《ふ》」「廻《む》」「寝《ぬ》」「来《く》」「消《く》」「為《す》」「居《う》」などを転義し、ク活用形容詞「茂《も》し」「鋭《と》し」「無《な》し」「濃《こ》し」「狭《さ》し」「良《え》し」などへと消長したと考えられる。さらに単音節助動詞「ふ」（継続）、「む」（意志）、「つ」や「ぬ」（完了と否定）などの母胎でもあり、三音節以上の動詞の語尾のなかにも生きつづけていたことが、推定されるのである。

第四章　語頭音の意味とくに身体性

1――はじめに

「X」の品詞と格

前章では二音節動詞の語尾の意味を見いだした。それは古く単音節動詞だったと推定できた。次にそれでは語頭の意味を帰納することは不可能であろうか。

そこで、二音節動詞を「x・y＝z」と記号化してみると、私たちはすでに語尾の意味「Y」と辞書的な意味「Z」を知っているから、「x」音の意味「X」も帰納できるのではなかろうか。しかし前もって「X」の品詞は何かを推定しておかねばなるまい。そこで動詞だとすると私が例示した二音節動詞からは、すでに「来《く》、経《ふ》、居《う》、寝《ぬ》」など単音節動詞が複合した「来経《きふ》」や「居寝《ゐぬ》」など「複合動詞」といわれるものは除外しているから、語頭「X」は動詞ではまずないといえよう。次に形容詞的または副詞的なものも考えにくいのである。残るものは名詞ということになるであろう。

名詞だとすると、上代には多数の単音節名詞が存在していたし、現代でも重要な名詞、とくに身体名などが単音で呼ばれているのを知っている。たとえば、「手《て》、目《め》、歯《は》、背《せ》、身《み》、毛《け》、血《ち》、屁《へ》、子《こ》」が単音のままなのである。

上代では「私」も「吾《あ》」で単音であったし、「お前」も「汝《な》」と単音で呼ばれていたのである。このような単音節名詞が語頭の意味だったのであろうか。しかし「ア」と単音で呼ばれていた「吾」は、のちに「アレ」と二音節語で安定していたり、いまの「アゼ」(畔)「アミ」(網)「アシ」(足)なども古くは単音「畔代《あじろ》」「網子《あご》」「足踏《あぶ》み」など「ア」だったのを見ると、語頭音の意味「X」はすでに二音節以上の語のなかに隠れてしまっているかもしれないのである。

さらに二音節動詞の語尾のうち、その意が自動詞か他動詞かという、自他の区別が次に問題になってくるであろう。なぜならば日本語が名詞＋動詞という合成をするばあいには、次のような二形式が存在しているからである。

A——主従関係、助詞が格を取るもの

カヲル(香—折ル) ヒテル(日—照ル) ミノル(実—成《の》ル) アメフル(雨—降ル)

イロヅク(色—付ク)……など

B——補充関係

1——目的のヲ格を取るもの

チヌル（血―塗ル）　ナノル（名―告ル）　ヤドル（屋―取ル）……など

　2――ニ、ニテ格を取るもの

　タヌル（手―折ル）　マモル（目―守ル）　タスク（手―助ク）……など

　3――その他

吉田氏[1]は右のように「ガ格」「ヲ格」「ニ・ニテ格」などを指摘しておられる。このように上代では、いまでいう主格も目的格も動詞の語頭に立っていたという事実を知っておく必要があろう。さらに阪倉氏[2]がいわれるように、「ガ格」を取るものは自動詞が多く、「ヲ格」などを取るものは他動詞的なものでもある。つまりA群の「香折ル」「日照ル」「実成《の》ル」などの自動詞形には「折ル」「照ル」「成《の》ル」などの自動詞がつき、逆にB群の「名《な》告《の》ル」「屋《や》取《ど》ル」などの他動詞には「告ル」「取ル」などの他動詞がついているということである。

　このように考えてわれわれの二音節動詞を「x・y＝z」と記載してみると、

A――xが〜する（自動詞）

B――xを〜させる（他動詞）

　xに〜するまたはさせる（他動詞的）

などが考えられると思う。

　以上をまとめると、「X」は名詞であること、次にそれが主格に立つか目的格に立つかは、その語尾の性質によるなどを考慮しながら語頭音の意味を探っていく必要があろう。

2——語頭音「ア」の帰納

「ア」の意味を探る

語頭「ア」の意味を「A」とすると、語尾「く」は〝働く〟であり、「す」は〝力や量が増加する〟、「つ」は〝衝突する〟……などを知っているから、語頭に「ア」を持つ動詞は次のように図示できるであろう。

「A」｛が，を，に｝＋
- 働く（かす）……開く　空く　明く　飽く
- 力を加える（さす）……あす　褪す　浅す
- 衝突する（さす）……当つ　充つ　宛つ
- 交流する（さす）……合ふ　会ふ　逢ふ　敢ふ
- 充満する（さす）……編む　浴む
- 変化する（さす）……落ゆ　流ゆ　消ゆ
- 輪廻する（さす）……生る　離る　荒る
- 働かない（さない）……上ぐ
- 飛び散る（らす）……浴ぶ

このような命題がすべて当てはまる「A」であれば、それが太古の言語創造期における「ア」の意味「A」のはずである。もちろん単音「ア」にもともと「A」など存在せず、日本語は混合言語であるなどの比較言語学者の意見や、このような分析は江戸時代の音義説の亜流という非難は百も承知のうえで、あえて筆者はこの命題に取り組んだことを断っておこう。

さて、その第一歩は、先に見た「ア」で表記されていた上代の「吾《あ》」「足《あ》」「畔《あ》」「網《あ》」などを当てはめる作業であったが、いずれも該当しなかった。次に「ア」をあらわした万葉仮名などを調べてみたが、やはりだめであった。

次に先の「吾《あ》」「足《あ》」「畔《あ》」「網《あ》」がのちに「アレ」「アシ」「アゼ」「アミ」というように二音節名詞で安定しているのを見ると、太古の語頭「A」も、二音節以上の名詞のなかに隠れているかもしれないことに気づいたのである。そこで語頭に「ア」を持つ二音節以上の名詞をかたっぱしから探す作業と、前ページに示したア語頭動詞全体のイメージを自由連想に従って探っていくことにした。

すると案外水と関連する動詞が多いのである。浅す（浅くなる）、浴む、浴ぶ（水をかぶる）、落《あ》ゆ（落ちる）、流《あ》ゆ（流れる）、離《あ》る（飛び散る）などがある。さらに色褪せたり（褪す）、飽いたり（飽く）、荒れたり（荒る）など、身体の疲れなどを思わせる語も散在しているのである。そこでしだいに焦点をしぼっていくと「汗《あせ》」にたどりついた。この「アセ」は古く「ア」と単音で呼ばれていたのではあるまいか。そしてのちに不安定になり、「褪す」を通じて「アセ」として名詞化されたと推定されるのである。

しかし読者からは「汗が『ア』という単音だった証拠を示せ」とお叱りを受けるにちがいあるまい。その解答は本節が終わり、さらに終節で詳述するまで待っていただきたい。コトバは構造や層をなしていて、ちょうど考古学の発掘に似ているところがある。それゆえひとつひとつの層構造を慎重に解きほぐしたあとでないと、もっとも古い層はあらわれてこないからである。

それでは次節において「汗《あ》」の演繹《えんえき》から始めることにしよう。

3——汗、涙、尿など体液

人体から出る体液には「汗」「涙」「尿」や「唾」などがある。そのうち、すくなくとも汗、涙、尿だけは語頭に用いられていたふしがある。

汗《あ》

まず皮膚から出る太古的「汗」のイメージを想像してみよう。

彼らは毎日が狩猟、漁撈《ぎょろう》、採集の生活の連続であったろう。労働や長い放浪ではかならず「汗」をかき、あまりに疲れ果てたときには、もはや「汗」は出なくなるのを知ったであろう。現代でも汗は、「汗水垂らして働く」とか「汗の結晶」などと労働の象徴として眺められている。太古においても、「汗」は「労働の象徴」の意がこめられていたのではなかろうか。そのような「汗」を、以下当てはめ考察していくことにする。「汗・く」とは〝汗が働く〟というように汗を主格に取り、「く」を自動詞「働く」として考えてみよう。すると四段自動詞「開く　空く　明く」や「飽く」の意が説明できるようである。

まず〝汗が働く〟など労働で汗が出るようすを想像すると、毛穴は開き、汗は流れ、皮膚は赤く色づくのがわかるであろう。そして人びとの心は満足し、しだいに疲れが出るなど、移り変わっていくものである。この毛穴が開くのが「開《あ》く」であり、汗は毛などを浸して流れ空間ができるのが「空く」であり、皮膚が赤く色づくのが「明く」ではなかろうか。そして心理的に満足するのが「あく」（飽くには満足するという意と次のあきる意が古くはあった）であり、その連続線上のものが「あきる」意の「飽く」と推定される。

そこでふたたび「開く　空く　明く」に戻ってみると、これらの皮膚から汗が出るようすは、彼らの鬱蒼《うっそう》とした森林を切り開いていく労働などに投影されたふしがある。森林は開かれ（開く）、空地ができる（空く）、すると日光が射しこみ明るくなる（明く）などが対応しているからである。このように毛を浸しながら皮膚に汗が流れるようすは、労働をして「木《け》」を倒しながらすすむ森林の伐採などに投影され意味がひろがったと考えられるのである。

　さらに「戸が開く」とか「夜が明く」などとも転義されていくが、大方「戸が開く」と日光が射して明るくなったり、夜のとばり（帳）が開くと「夜が明ける」などが童話や昔話に出てくるのは、古い「開く」⇅「明く」の連なりがあるからではないかとも思われる。

　このように原義「汗・く」は人の身体から大地や森林や、さらに、戸や夜などの動作へと転義され、意味がひろがっていったと考えられるのである。さらに四段自動詞「開く」は下二段に他動詞化（以下、分化という）され、「開く」ようにする↓「開ける」という意ができ、「戸を（人が）開ける」などとして使われるようになったのだろう。

「汗・す」を〝汗を増させる〟というように他動詞的にとってみると、他動詞「あす」（みたす）が説明できるようである。相手に汗を出させる「汗・す」などは、相手の心情などを「みたし、満足させる」ことだからである。次にこの四段他動詞は、「結果を示す下二段」に転化されると、「満し」た結果は「色褪せる」という連続的心理が働き、「褪す」を転義していよう。

　さらにこの皮膚などの褪色《たいしょく》「褪す」は、「皮膚《かは》↓川《かは》」という類似の原理による投影を思い起こすならば、「川の水が浅くなる」などの「浅す」へと転義されたのであろう。これが

「あす」↓「褪す」↓「浅す」の系列である。

自他の法則

以上のように「類似」や「連続」の原理は、活用形「四段↓下二段」などをからませながら意味の転用（転義）、つまり分化や転化を行うもののようである。

さらに「汗・く」と「汗・す」でわかったように、「汗」が「ガ格」を取ると自動詞「開く」などをつくり、「汗」が「ヲ格」を取ると他動詞「あす」（みたす）を造語していたのである。このように「自動・他動詞」がきちんと区別されていたことは注目に値する。

このことを「自他の法則」と名づけておいて以下当てはめてみることにしよう。はたして次の「当つ」はどうであろうか。

「汗・つ」の原義に古形四段〝汗が衝突する〟を推定すると、その下二段他動詞形として「当つ」が説明できるであろうか。そこで〝汗の衝突〟とは古い狩猟や漁撈での投げ槍や弓矢などの労働の「汗」の衝突とすると、〝汗を衝突さす〟ことが、それらを「当てる」こと「当つ」の意になることは、うなずけるであろう。「充つ」や「宛つ」は「当つ」の転義である。

「汗・ふ」とは〝汗が交流する〟意である。この「汗・ふ」からは、二人の汗（労働）がよくまじわって仕事がはかどるなどの「合ふ」がつくられ、さらに二人が出会う「会ふ」や逢びきするなどの「逢ふ」へと転じていよう。ここでは「汗」は労働の汗だけではなく、「肌が合ふ」などのように「逢びき」などのときに出る「汗」にも用いられているふしがある。

さて四段自動詞「合ふ」は下二段他動詞「合わせる」意の「合ふ」を分化させ、さらに「相手に合わせる」は「耐える」意の「敢《あ》ふ」へと転じている。

「汗・む」の原義は〝汗をいっぱいにさす〟が考えられるが、それと「編む」（四段他）とを対比してみよう。汗が出た皮膚を拡大してみると、汗玉は網目状の皮膚裂線の交差点、汗腺から吹き出るのがわかる。この形状は漁網などを編んだときの縦糸、横糸の交差や結び目と類似しているし、実際に漁網を使用したときには網目についた水滴は、汗のように周囲にほとばしるのがわかるであろう。このように汗と網は似ているがゆえに、「汗」も「網」も、古く「ア」と単音だったことが思い起こされる。

ここまで眺めると、「汗を充満さす」ことが「編む」意になることはおわかり願えよう。

さらに、「汗・む」は「浴む」（「浴ぶ」とも）を転義している。このことは現代人も汗をいっぱいかくと、湯やシャワーをかぶるなど、「湯浴み　水浴び」をすることからもうなずけるであろう。つまり「浴む」とは、「汗・む」からの〝連続性〟による転義なのである。

さて「雨《あめ》」についてであるが、人体が外界に投影されていたのを知っているから、「汗・む」の外界への投影名詞ではないかと推定されるのである。

「汗・ゆ」の〝汗が変わる〟状況から、「流れる」「落ちる」の「流《あ》ゆ　落《あ》ゆ」が造語されていよう。汗は出ると流れはじめ、落ちはじめるからである。

次に「消《あ》ゆ」という「あやかる」意の自動詞形「似る」などの意がある。これは労働のシンボルとしての汗が、模範（たとえば父親）の汗などに「似る」ようなことを〝汗が変わる〟と表現したためであろう。「あやかる」とは模範に似せることだからである。

「汗・る」の〝汗が分離する〟というのが「生《あ》る」であろう。汗は忽然《こつぜん》と生成されるからである。次に〝汗が消褪《しょうたい》する〟のが「離る」や「荒る」であろう。汗は役目を果たすと、飛び散り離れ、肌なども荒れるからである。これらが「生る」「離る」「荒る」の系列であろう。

「汗・ぐ」の古形には〝汗が働かない〟を推定しよう。その下二段他動詞化が「上ぐ」ではあるまいか。つまり「労働などをしない」ように「する」というほどの意で「上がんなさい」「上がってよろしい」などの「仕事をやめさせる」意がもともと「上ぐ」の意ではなかろうか。それが転じて「上方に上げる」などの抽象的意ができたと考えられるのである。

「汗・ぶ」、これは「浴む」の転という。

以上「A」を「汗」として眺めると、次の図のすべてに当てはまったといえよう。

く……開く　空く　明く　飽く　開く下二
す……あす　褪す下二　浅す下二
つ……当つ（充つ　宛つ）下二

汗《あ》＋

ふ……合ふ　会ふ　逢ふ　敢ふ 下二
む……編む　浴む 上二
ゆ……流ゆ　落ゆ　消ゆ　以上下二
る……生る　離る　荒る　以上下二
ぐ……上ぐ 下二
ぶ……浴ぶ 上二

このような対応は、けっして偶然では考えられず、おそらく「ア」音は「汗」として、太古の二音節動詞創造期に活動していた中核的な名詞だったのだろう。それゆえ語頭として用いられたのではなかろうか。この件に関しては本章終節でさらにふれるであろう。

涙《な》

まず「涙《なみだ》」とは古く「ナミタ」と清音であり、「ナミ＋タ」と分析すると「タ」はカタ（肩）、マタ（股）、ワタ（臓）などのタと同じものと推定される。そして残された「ナミ」の「ナ」音こそ、古く「涙」の意を持つ単音名詞ではなかったかと思われる。

そこで「ナ」を「涙《な》」として動詞群を図示してみる。

涙《な》＋

く（働き）……泣く　鳴く
ふ（交流）……綯ふ下二
む（充満）……並む　嘗む（舐む）下二
ゆ（変化）……萎ゆ下二
る（輪廻）……成る　鳴る　慣る下二（馴る　熟る）
ぐ（不働）……薙ぐ　和ぐ上二　投ぐ下二
づ（不衝突）……撫づ下二
ぶ（拡散）……靡ぶ下二

これらを簡単に説明していこう。

「泣《な》く」とは〝涙が働く〟（涙・く）と考えられ、人間の「泣く」は外界の鳥などの「鳴く」へと投影されている。

「綯《な》ふ」とは〝涙を交流させる〟（涙・ふ）などで、両眼から流れる涙のしずくが口元で交差したりする形状の類似から、縄などを「綯ふ」意に転義したのであろう。

「並《な》む」「舐《な》む」。〝涙がいっぱい溜《た》まっ〟（涙・む）て両眼に連なってくるようすから「並む」（ならぶ）ができていよう。このように目に涙が溜まると次に口元に流れてくるものである。これを舐めると塩辛い味がするのを知っている。これが「舐む」ではあるまいか。

「萎《な》ゆ」（なえる）とは〝涙が変わる〟という表現で、泣き疲れてくたくたになるなど「萎ゆ」の意をあらわしたのであろう。

「成る」「鳴る」「慣る」。まず〝苦労の涙〟が報いられ立派になるなどとして、〝涙の分離〟↓「成る」が造語されたと考えられる。次にもともと「涙」は一緒に出る「泣き声」などを伴っていたから、「声や音が出る」などの「鳴る」意に転じたと思われる。下二段「慣る」などは〝涙を立派にさせた〟結果、人はものごとに「慣れ」、家畜も「馴れ」、酒などもうまくかもされる「熟る」などに転化したのであろう。

「薙《な》ぐ」（なぎ倒す）とは〝涙を働かせない〟など、非情にも相手の流す涙の効力をなくしてしまうなどの表現で、木や草や生きものをなぎ倒す意に用いたのであろう。この四段他動詞「薙ぐ」（なぎ倒す）はさらに分化して下二段「投ぐ」へと転義していよう。投げつけて殺すなども「なぎ倒すようにする」ことだからである。

他方〝涙が出ない〟など自動詞形が「泣きやむ」などの「和ぐ」（凪ぐ）である。

「撫《な》づ」とは〝涙が戦わないようにする〟という下二段への分化語であろう。つまり相手の涙をやわらげるというのが「撫でる」の深い意味なのではなかろうか。

「靡《な》ぶ」とは〝相手の涙を飛び散らす〟という分化語で、「なびかせる」とか「押さえ伏す」などのなかにある「泣かせて思いどおりにする」という意からと考えられる。

以上のように「ナ」音は「涙」のことであった。

尿《し》

尿のことは上代、シシまたはシトと呼ばれ、現代でも「シーシー」などといって幼児のシツケをする。この「シ」音が、「尿」の意だったのではなかろうか。

尿《し》＋

く……及く　敷く　頻く　領く下二
す……殺す（死ぬの他動詞であろう）
ぬ……死ぬナ変　萎ぬ
ふ……癈ふ　強ふ上二
む……染む　浸む　凍む　締む下二　占む下二（領む）
る……領る　知る　知る下二　痴る下二
づ……垂づ下二

「尿・く」（尿が働く）、ここで尿が飛ぶようすを想像してみると、尿はひろがって（敷《し》く）出て、うしろのものが前のものに重なっ（頻《し》く）たり、追いつい（及《し》く）たりするように映る。これらが四段活用「敷く」（ひろがる）、「頻く」（重なる）、「及く」（追いつく）であろう。さらに〃尿を働かす〃から他動詞「敷く」（ひろげる）ができ、それから「領く」（治める）が転じていよう。

「尿・ぬ」とは〝尿がなくなる〟ことで、尿の持つ攻撃性などが薄れるという意であろう。「死ぬ」の「死」は漢語であるが、古く「萎《し》ぬ」が想定され、「萎《しな》ゆ」「偲《しの》ふ」などに残っているといわれる。この「萎ぬ」こそ、〝尿がなくなる〟からの造語と考えられる。

「尿・ふ」とは〝尿が交流する〟ことで、尿がかかったときの状況などをいうのであろう。尿がかかると目がつぶれたり耳が聞こえなくなるなどの俗信があったのではなかろうか。これが「目しひ　耳しひ」などの「癈《し》ふ」であろう。逆に〝尿を交流さす〟ことからは、相手を強いる意「強《し》ふ」がつくられている。

「尿・む」とは〝尿がいっぱいになる〟ことで、膀胱《ぼうこう》に尿が溜まるなどの意であろう。このように尿が充満すると、少しずつしみ出てくる（染む　浸む）し、寒い冬では凍りつく（凍《し》む）などが起こったことであろう。そういうときは尿道括約筋を「締め」ねばならない。これらが「浸む」（染む）「凍む」「締む」であり、「締む」からは「領《し》む」（領有）が転じている。

「尿・る」の〝尿の統制や分離〟が「知る」ではなかろうか。つまり、無差別な攻撃性「尿」を統制することが、知性「知る」というのであろう。「領《し》る」は先の「領《し》く」「領《し》む」などと同系列の語である。逆に〝尿の消褪〟という古形を想定すると、その結果が下二段「痴《し》る」（痴呆《ちほう》になる）であろう。つまり攻撃性などが消え失せてしまうことは、老人の痴呆状態などとして映ったと考えられるからである。

「尿・づ」とは〝尿が衝突しない〟ことで、尿が勢いよく出ないなどの意ではなかろうか。この分化語が「垂《し》づ」の〝たらす　しだれさせる〟という意と考えられる。

さて「シ」音は「尿」であることがわかった。先に見たように、人体から出る「ア」が「汗」で、「ナ」が「涙」という意味だったことを思い起こそう。人びとは二音節動詞をつくるとき、人体から出る「汗」や「涙」や「尿」などの体液の意味を正確に把握し、その意味を造語に役立てたのであろう。「汗《あ》」は労働のシンボルであったし、「涙《な》」は相手の痛みや悲しみであった。「尿《し》」は攻撃性を含んでいたから、シツケの対象に選ばれたのであろう。

さらに自分の意「吾《あ》」を「汗《あ》」でシンボル化させたり、相手の意「汝《な》」を「涙《な》」で表現するなど、太古の人びとの感性には、一種のおもむきさえ感じられるのである。

4――吐息と匂い

人体から出るガスには「吐息《といき》」や「匂い」や「屁《へ》」などが考えられるが、すくなくとも「吐息」と「匂い」だけは語頭に用いられていたようである。

吹《ふ》

「吐息」のことは、おそらく「フ」と単音で呼ばれていたのではなかろうか。「吹く」とか「ふ吹き」などの「フ」音のことである。

吹《ふ》＋
- く……吹く　葺く　振く　更く下二
- す……臥す　伏す
- つ……ふつ下二
- む……踏む
- ゆ……振ゆ下二　増ゆ下二
- る……震る　降る　振る　触る　古る上二

これらに「吹《ふ》」（吐息）を当てはめてみよう。

「吹・く」。〝人体の吹（吐息）を働かす〟という他動詞形から考察してみよう。〝吹を働かす〟とは「吐息を出す」ことで、「息を吹く」の「吹く」がまず考えられるであろう。この息を吹くの「吹く」は、「息を吹き返す」といえば死からの蘇生の意に使われる。

この蘇生についてであるが、上代では病などにかかると、精霊の憑代《よりしろ》などを振り動かして活力を増させる儀式が行われていたのである。この憑代などを振り動かすという「振く」

が、「吹を働かす」という「吹く」と意味的に連なるのは、このような儀式を想定してみるとなるほどと思われる。ここに「吹《ふ》く」⇅「振《ふ》く」の連続性があろう。このように振り動かしたり吐息を出すなど、「振く」や「吹く」には精霊などの活力やエネルギーを増すという思考を加味すると、そのことから「吹・く」の結果が「更く」（下二　深まる）となるのもうなずけるであろう。

逆に〝吹が働く〟という自動詞形を考えてみよう。そこで「ふ息き」などの「ふ」として、天空にも風などを吹かす「袋《ふ》」が想定されていたのではなかろうか。これが「風が吹く」の「吹く」であろう。確かに天空には風神などがいて風袋から風をふかすなどの迷信も信じられていたことなどが傍証となる。さらに台風の多いわが国では「風が吹く」と屋根が飛ぶから、「屋根を葺き替える」の「葺《ふ》く」が転じている。

「吹・す」とは〝吹が増す〟ことで息が荒くなるなどが想像される。これが病になるなどの「臥《ふ》す」で、そのとき横になるから「伏す」が転じていよう。

「吹・つ」とは〝吹を戦わす〟ことで、荒い息を吹きかけるなどが想像される。その結果が〝ふてくされる〟の「ふつ」であろう。「ふてくされる」とは、「ブーッと息を出し」てふてぶてしい態度を取ることだからである。

「吹・む」とは〝吹を充満さす〟ことで、息を吸い次の瞬間、足を踏みおろす横綱が四股を踏むときの状況を思い浮かべると、「吹・む」→「踏む」の造語はうなずけるであろう。

「吹・ゆ」とは〝吹が変わる〟ことで、病のとき呼吸が変わる鼻翼《びよく》呼吸などとしてみよう。このとき鼻翼や口唇は振れ動き（振ゆ）、呼吸数はふえる（増ゆ）のが観察される。これが「振ゆ」や「増ゆ」であろう。

「吹・る」を〝吹が消褪する〟から考えてみよう。「吹の消褪」とは「ゼーゼー」と喘息になるなどの意で、「古る」（古びる）を転義していよう。これが「ナヰフル」など天変地異「震る」へと投影され、そこから「雨降る」の「降る」だけが分離独立したのだろう。

次に〝吹を分離さす〟など病の蘇生術が、先の「霊《たま》振る」などの振り動かす儀式「振る」であろう。身体を「振る」から身体にさわる「触る」が転じている。

以上、人体から出るガスのひとつ「吐息」は「吹《ふ》」と呼ばれ、風神の「風袋」などにも投影され、「ふ吹き」などの「ふ」として残っていたふしがある。

匂《に》

上代では「匂《にほ》ふ」といえば、色に出てくる視覚的な意と香りが「匂ふ」などの嗅覚の意をも兼ね持たされていたのである。それゆえ「匂《に》」として、「色と香り」を兼ね持つ「匂」を推定しておき、図示してみよう。

―ゆ……煮ゆ 下二

匂《に》＋ る……似る上一　煮る上一
ぐ……逃ぐ下二
ぶ……鈍ぶ上二

「匂・ゆ」。〝匂が変わる〟という表現で「煮ゆ」（煮える）意をつくったと考えられる。私たちでも鍋物をつつくばあい、肉や野菜の「色や匂い」が変わったら大方「煮えた」としてつつきはじめるのを知っているからである。この「匂の変化」から「煮ゆ」を造語したのであろう。

「匂・る」。〝匂を消褪させる〟から先の「煮ゆ」と同じく「煮る」意ができていよう。次に自動詞形〝匂が消褪する〟を考えてみよう。万物には、そのものの特徴を示す「色や香り」（匂）が存在しているものである。その「匂」が消褪してしまうと、みな同じ色や香りになって「似て」しまうことがわかる。これが「似る」であろうか。

逆に〝匂が出てくる〟という「分離」の「る」としても説明できそうである。

たとえば「父親の面影がある」などの「父親に似ている」という表現を考えてみよう。これはどこか父親の「色や香り」（匂）が出ていることであり、〝匂の分離〟とも考えられるのである。確かに「似る」には、このように「みな似て特色がない」（匂の消褪）と、「特別に似ている」（匂の分離）という二つの系列がありそうである。

「匂・ぐ」には、古形他動詞〃匂を働かさない〃というほどの「匂を出さない」などの「匂・ぐ」が想定される。その結果を示す下二段自動詞が「逃ぐ」と考えられる。つまり追っている獲物が「色や香りを出さなく」なったときは「逃げられた」ことであり、逆にこちらが敵などから逃げるときでも「匂を立てなく」なったとき、「逃げきった」意になることもわかるからである。このように「逃ぐ」とは〃匂を立てない〃結果を示す動詞といえるであろう。

「匂・ぶ」には「色や香り」が飛び散ってなくなるなどの意が考えられるであろう。これが色が飛び散って鈍色《にびいろ》になるなどの「鈍ぶ」であろう。

以上「ニ」音は「匂」（色と香り）であった。先の「吐息」を示す「吹《ふ》」とともに、人びとは人体から出る、これらの「匂《に》」や「吹《ふ》」などのガスに特別な意味を見つけ、二音節動詞の創造期には語頭に選んだと考えられる。

5――皮と身

人体の皮膚も「カハ」と呼ばれ、「皮膚《かは》」の下には「身」があるように、果物などの「皮」の下には「実」があるのである。このように生物（動物と植物）はいずれも皮と身から成り立っている。

皮《か》

「皮」は「カハ」と発音されていたが、それは「替ふ」（かわる）などを通じての再名詞化と考えられる。なぜならアニミズムでは動物の皮をまとえば、そのものと同じ霊力を持つなど、「皮《かは》」は「入れ替わる」（替ふ）というイメージで眺められていたからである。

これが「替ふ」↓「皮」の再名詞化が起こった理由であろう。さらに古くは単音「カ」が「皮」の意であったのではなかろうか。以下「皮《か》」として記載してみよう。

皮《か》＋

く……掻く　欠く　舁く　掛く　欠く下二　駆く下二
す……澌す　悴す下二
つ……勝つ　搗つ　雑つ下二
ぬ……兼ぬ下二
ふ……交ふ　替ふ　買ふ　飼ふ　替ふ下二
む……咬む　噛む　醸む
ゆ……離ゆ下二
る……刈る　狩る　駆る　借る　枯る（乾る）下二　離る下二
ぐ……香ぐ　嗅ぐ

「皮・く」は〝皮に働きかける〟というように他動詞としてとってみると、「皮膚がかゆい」ときなど「掻く」意がまず浮かびあがってくるであろう。このことは「皮《か》」には「蚊」が食いつくからどちらも「カ」と呼ばれていたり、後出の「痒《かゆ》し」などを参照すると「皮・く」→「掻く」の転義は確かなものといえよう。

さて「皮・く」が「掻く」を造語し、次に動作の類似性から「欠く」(引っ掻く→こわす)、「舁く」(引っ掻く→かつぐ)、「掛く」(引っ掻く→掛ける) などが転じていたのはすでに第三章で見てきている。「欠く」(四段　こわす) の結果が「欠く」(下二　欠ける) であり、「土などを引っ掻く」→「駆け出す」(駆く) などは動作の連続性なのでもあった。

「皮・す」は〝皮を増させる〟という他動詞としてとってみると、「水に浸して皮をふやかす」などの「澌す」(ふやかす) の意になるのがわかるであろう。この「ふやかした」結果が、下二段「悴す」(カサカサになる) であろう。ふやけたのちに水分が蒸発すると皮はカサカサになり、身は痩せるからである。

「皮・つ」は〝皮が衝突する〟というふうにとってみよう。身を守る皮同士が衝突すると、敗けたほうは皮が破られ中身が出たりするものである。そして「勝った」ほうが「勝つ」の意ではなかろうか。これが下二段化されると、〝皮が衝突する〟ようにすることで、「中身を混ぜあわせる」などの「雑つ」意となろう。

他方、古形四段〝皮を衝突さす〃からは、「穀物をつく」意の「搗つ」ができている。穀物をつくというのも皮と皮との衝突にちがいないからである。「皮・ぬ」の古形は〝皮がなくなる〃など守るものがない状態としてみよう。この古形はすでになくなっているが、その下二段他動詞形が「兼ぬ」ではなかろうか。つまり「皮がなくなるようにする」というのは、赤裸にするなどであろう。それがなぜ「兼ぬ」意となるのであろうか。

そこで「悲《かな》し」と「愛《かな》し」の意を考えてみよう。まず「皮がない」のが「悲し」であり、そのようなものは「いとほしい」という「愛《かな》し」の情が自然に出てくるのが人情である。それゆえ先の「皮がないようにする」ことが、「併有する」などの「兼ぬ」の意へと発展したと考えられるのである。

この「皮・ぬ」や「兼ぬ」「悲し」「愛し」の無意識的意味は、『古事記』の因幡の白うさぎの話のなかでさらに顕在化されている。「皮を剝がれた白兎は悲しみ嘆き、大国主命《おおくにぬしのみこと》に助けを求めた。命は愛しく思い、もとどおり皮の生える方法を教えてやった……」という話である。

ここに「皮がない」→「悲し」→「愛し」という意味の系列がある。さらに皮の生える新しい方法には「兼ぬ」（自分のものにする）などの意が内在しているのにも気づくであろう。

これらが「皮・ぬ」の詳細である。

「皮・ふ」は〝皮と皮が交流する〟というようにとってみると、中身はまじわったり入れ替わったりするはずである。これらが四段自動詞「交ふ　替ふ」などであろう。物とお金を交換さすのが「買ふ」であり、人間の与える飼料と家畜の肉や卵などとの交換が「飼ふ」などその他動詞形であろう。下二段「替ふ」（かえる）などは分化である。

「皮・む」は〝皮を集中させる〟というように、クリやシイなどの皮をかませて割るなどの意としてとってみよう。これが「咬む」や「噛む」の意ではなかろうか。さらに果実類などを噛んで酒をかもしていたから「醸《か》む」（酒を醸造《じょうぞう》する）が転義したといわれている。

「皮・ゆ」とは〝皮が変わる〟という意である。「兼ぬ」の項では「皮をなくさす」ことは自分が併有する意であったのを思い起こすと、逆に自分の守り「皮」が変わるとは、元の守護者から離れ、新しい守護者へと変わるなどの意となることがわかるであろう。これが「離ゆ」の「離れる　別れる」の意と考えられる。

蛇足になるかもしれないが、古形「皮・ゆ」のなかの「皮膚《かは》」の意は、「かゆい」などの「痒《かゆ》し」に残っている。皮膚が変わるのが「かゆい」という感覚だからである。

さて屋根を葺《ふ》く木の「皮《かは》」や「カハ・ラ」（瓦）についてはすでに述べているが、同じく、「瓦」のことは「イラカ」ともいわれていた。「イラ」とは「刺《いら》」（とげ）であろうから、「イラカ」の「カ」には屋根などを葺いていた「皮《か》」の意が残されていよう。さらに

「皮《か》・屋《や》」(茅)などの存在を考えても、「瓦《かはら》」は梵語《ぼんご》から来たのではなく、やはり大和コトバと考えるほうが自然である。

「皮・る」は〝皮を消褪させる〟という他動詞としてとってみよう。狩猟採集の「狩る」や「刈る」とは、この獲物や採集物の「皮」を消褪させ身や実を採ることではなかろうか。すると「駆《か》る」の追い立てる意は「狩」の風景ということになろう。狩りの結果、つまり皮を消褪さすと、実や身からは水分や血液が蒸発していくものである。これらが下二段「枯る乾る」であろう。

　次の「借る」は多少むずかしい。皮を剝いだり消褪させることが、なぜ「借る」意になるのであろうか。そこで先の「替ふ」のときのごとく、人が獲物の「皮」などをまとえば、その獲物の威力や霊力が憑《の》り移るというアニミズムを思い起こそう。この獲物の皮をまとうなど「仮の姿」が「借る」ではなかろうか。

　ちなみに、「仮の姿」というときの「仮」とは「借る」からの転義であることに気づけば、このことはさらに納得のいくものとなろう。

　最後の「離る」は〝皮が消褪する〟からの転義であり、先の「離ゆ」と同じく、「皮」という保護者から「別れる」「離れる」意となったと考えられる。

「皮・ぐ」とは、〝皮を働かせない〟という皮の働きをなくすなどの他動詞としてみよう。皮は実を守り、腐ったり匂いが立つなどを防いでいると映っていたにちがいない。すると、この皮の働きをなくせば「香り」は立つはずである。これが「香ぐ　嗅ぐ」の深い意味であろう。この「皮」が「香り」などと密接に関連することは、単音「香《か》」が「皮《か》」から転義されていることなども傍証となろう。

このように、〝皮を働かなくする〟ことは「香ぐ」意をつくったと考えられるのである。「皮・ぶ」とは〝皮が飛び散る〟ことである。これはそのままモチなどの表面「皮」にカビが飛び散るように生えるようすを想像してみれば足りよう。「黴ぶ」（かびる）とは、事実このように飛び散って生えるものだからである。

以上のように「カ」音は「皮」であった。


「掻《か》く」とは〝皮に働きかける〟ことで、皮膚などを掻く意となる。

「澌《か》す」とは〝皮を増させる〟ことで、水に漬けて「ふやかす」など。

「悴《か》す」とは「澌す」の結果で、ふやけて身は痩せ、皮はカサカサになること。

「勝《か》つ」とは〝皮と皮が衝突する〟、すると、一方が「勝つ」ということ。

「兼《か》ぬ」とは〝皮をなくす〟ことで、自分が守ってやるという意になる。

「交《か》ふ」「替ふ」とは〝皮が交流する〟ことで、「まじわる」などの「交ふ」「替ふ」。

「咬《か》む」とは〝皮を集中させる〟ことで、「咬む」や「噛む」の意である。

「離《か》ゆ」とは〝皮が変わる〟ことで、元の皮と別れること、離れること。

「刈る　狩る」「枯る」とは〝皮を消褪さす〟ことが「狩る」や「刈る」。その結果が「枯る」である。

「香《か》ぐ」とは〝皮を働かせない〟と、水分や匂いが外に出るということ。

「黴《か》ぶ」とは〝皮が飛び散る〟などで、黴が生える意を表現したのであろう。

身《む》

次に「ム」音には「身《み》」の古形「身《む》」（『岩波古語辞典』）が考えられる。

身《む》＋ く……向く　剥く　剥く下二
　　　　す……生す　産す　蒸す　咽す下二
　　　　る……蒸る下二　群る下二

「身・く」はまず〝身に働きかける〟というように他動詞的に受けとめてみよう。これが皮の下の「実《む》」などに皮をむいて働きかけること「剥《む》く」であろう。この四段他動詞「剥く」の結果が下二段「剥く」（剥かれる）である。

次に〝身が働く〟という自動詞形「身・く」を考えてみよう。これならば、身体の中身が動いて身体の向きを変えるなどの「向く」意となるのがわかるであろう。これらが「剝く」や「向く」の詳細である。

「身・す」は、まず〝身が力を増す〟など、自動詞形としてとってみよう。身は、身ごもる、身二つになるなど、胎児や胚芽の意もあった。それらが力を増して出てくることが、「生《は》える　産まれる」という「生す　産す」であろう。

次に〝身に力を加える〟という他動詞形「身・す」を考えてみよう。これが、いぶしたり蒸気によって中身に圧力をかけるなどの「蒸《む》す」ではなかろうか。そしていぶした結果、煙などが喉《のど》に詰まり咳が出るなどが「咽す」（むせる）と考えられる。

「身・る」の古形に〝身を消褪さす〟などの他動詞形を想定しよう。その結果が、下二段「蒸《む》れる」意の「蒸《む》る」であろう。

この「蒸《む》る」の存在は、「荒る」→「荒れる」、「垂る」→「垂れる」などを参考にすれば、「蒸れる」から逆算できると思う。さらに他の証拠として、「斑《むら》」（死斑など中身がまだら状に表皮に出る斑）、「室《むろ》」（蒸し暑くて中身が出そうな部屋）など、古形「身・る」を思わせる語も存在するからである。

さて「身・る」は「蒸る」（むれる）を転義し、この「蒸る」はさらに「群る」（まだらのようにむらがる）へと転じたと考えられる。

以上のように「ム」は「身や実」であった。用例が少ないので多少補足しておこう。「身・く」からは「ムクメク」「ムクムクシ」など、青虫や蛇など中身がブヨブヨしているようすの「ムク」や、「ムク犬」など毛がふわふわしているようす「ムク」ができている。これらには「身が外に出る」などの「身・く」の意がうかがえる。さらに「虫《むし》」の語源も同じく「身がふえる」（身・す）などと思うとき、「ム」が「身」の意であるのはまちがいないといえよう。ムシとは昆虫だけではなく、蛇など中身がぶよぶよしている動物の総称だからである。

「皮・無し」と「身・無し」

さて、本節では「皮《か》と身《む》」について眺めてきたわけである。皮はその中身「身」を守る保護膜であったが、中身が熟れてくると、「色に出にけりわが恋は……」のごとく、やはり色や匂いを立てるものなのである。これらの皮と身は「タテマエとホンネ」「オモテとウラ」のごとく、日本人の心性と深く結びつく心情のようである。そこで、それらの「皮や身」が無くなるという心情を示す形容詞「悲《かな》し」と「むなし」にもう一度ふれてみよう。

「悲し」とは「皮《か》・無し」であった。守る保護者、とくに母などとの別れが「うつ病」を引き起こすのを見たS・フロイトは、うつ状態は母の喪《も》への悲しみの表現だと主張した。「皮・無し」とは、このような「母」のいない状況といえよう。のちに母のことが「カカ」

といわれるのもゆえなしではなかろう。

次に「空虚《むな》し」とは「身・無し」であろう。漢語の「空虚」という意も「空《から》」とか「虚《うつろ》」という意で、中身がないなどの意である。私たちが「むなしい！」というときは、「胸」に手を当て、そこに何もないことを知ったときの感情である。筆者の知っている患者が、「寂しいとか悲しいというものではないのです。むなしいのです。わかってください。むなしいのです」と訴えているのを聞いたことがある。

「悲しい」感情は「皮・無し」であるから治療者が「皮」（保護者）の代理となって患者を守ってあげることで安らぐかもしれないが、「身・無し」については、中身を育てはぐくみなおさねばなるまい。母からの過干渉などのため、中身が育ってない境界例などのケースに多く見られる「心の叫び」なのであろう。

6――口、歯、喉

前節では動物および人間が食糧にした植物もまた皮と身によってできていることを見てきた。しかし動物は皮と身だけでできているのではなく、口や歯や喉などを持っている。ところが「口」だけは、堅果類や貝などでも「皮や殻」を開いて中身を取りだすとき「口を開く」などと表現されるのを思うと、万物にも出入り口など「口」は想定されていたのではないかと推定される。

口《く》

「ク」音は「口《くち》」の意で、「口《く》」と表記しておこう。「朽《く》つ」などを通じ、「くち」として再名詞化されたのであろう。

口《く》＋
く……漏く
つ……朽つ上二
ふ……食ふ　構ふ
む……組む　汲む（酌む）
ゆ……悔ゆ上二　崩ゆ下二
る……刳る　繰る　眩る下二　暮る下二　呉る下二
ぶ……焼ぶ下二

「口・く」とは〝口が働く〟という意味であろう。藪《やぶ》や水面などにもなかに入りこんだり外に出たりする「口」があって、それが働くということが、「もれる、くぐる」などの「漏く」の意ではなかろうか。

このように林や藪や水面などにも「口」を想定するのがアニミズムだからである。

「口・つ」とは〝口が戦う〟ことで、相手に咬みつくなどが考えられよう。このようなとき、相手はむしばまれ朽ちるはずである。これが「朽つ」（くちる）であろう。

「口・ふ」とは〝口を交流さす〟こと。これが食べ物をたべるの「食ふ」であろう。さらに、鳥などがくちばしを交流させて巣をつくるという「構ふ」へと発展している。

「口・む」とは〝口を集中、充満さす〟というふうにとってみよう。まず「入り口など開いた空間を竹や木を組んだりして埋めつくす」などが「口の集中」の意の「口・む」→「組む」と考えられる。次に具体的な桶や盃などの「口をいっぱいに充満させる」のが、「口の充満」→「汲む　酌む」であろう。

「口・ゆ」とは〝口の形が変わる〟などで、門など入り口が崩れて変わるのが「口・ゆ」→「崩ゆ」ではなかろうか。さらに人間の「口が変わる」などが、悔しいなどの「悔ゆ」と考えられる。悔しがるときは「口をゆがめて悔しがる」などと表現されたり、「悔しい」ことは「口惜《くちを》し」ともいわれ、「口」とやはり関係するからである。

「口・る」はやや複雑である。まず〝口を分離する、ひろげる〟などの「口・る」としてとってみると、木の実や貝などの口をひろげて中身を「えぐり」「たぐり出す」などの意が、「刳る」（えぐる）、「繰る」（たぐる）ではなかろうか。さらに分化して、食物などを順々に送るようにするのが「物を呉れてやる」の「呉る」であろう。

次に〝口を消褪さす〟という古形他動詞「口・る」を考えてみる。窒息など口を消褪させると、その結果は、「目がくらむ」など苦しむであろう。これが「眩る」（くらむ）や形容詞「苦《くる》し」の意味であろう。さらに人間の口がふさがること「眩る」は、天の道などがふさがって「日が暮れる」の「暮る」を転義している。これらが「刳る」「繰る」↓「呉る」、さらに「眩る」↓「暮る」の詳細である。

「口・ぶ」とは〝口が飛び散る〟など、大きく口が開く意を原義としよう。その下二段他動詞化が「薪などを次々にくべ足す」意「焼ぶ」ではあるまいか。これはカマドやクドなどの燃え口をひろげるように「薪などをくべる」ようすを思い浮かべてみればわかりやすい。これが「口をひろげる」から「焼ぶ」が転義した理由であろう。ちなみに「クド」とは「口《く》・戸《ど》」の意で、「カマド」（咬《か》む・戸）とともに、「口」を持っていたからこそ、「クド」と呼ばれたなどが傍証となろう。

以上のように「口《く》」は先の「水面、藪」や「木の実や貝」さらに「クド」などにも想定されていたのである。

「ク」単音で「口」の意は、先の「口《く》・戸《ど》」に残っているが、さらに「口《く》説《ど》く」などのク音にも面影がある。

はなかろうか。この抜歯の風習については「映《は》ゆ」の項でもふたたび述べることになろう。

「歯・ふ」とは〝歯が交流する〟という意で、ミノ虫などが首を伸ばし大地に歯を食いこませるようにして、次に胴体を引きつけて這うなどのようすを見て〝歯が交流する〟と映ったのではなかろうか。これが「歯・ふ」↓「這ふ」と考えられる。

「歯・む」とは〝歯を集中さす〟ことで、歯を咬みしめるなどとしよう。これは物を食べるときの「食《は》む」の形となるのがわかる。そして「食む」ようにさせるのが、だます意の「嵌《は》む」と考えられる。「いっぱい食わせる」などの表現が暗示してくれるからである。

「歯・ゆ」の〝歯が変わる〟ことから、歯が生え変わるなどの「生《は》ゆ」ができていよう。さらに「歯」↓「葉」などの転義を考えるならば、「草の葉などが生える」という「生ゆ」にも転じるのだろう。さらに先の縄文抜歯を思い起こすと、「歯の形が変わる」ことは映えて見えるなどの「映ゆ」意をつくったのではなかろうか。抜歯のみではなく、歯にキザミなどを加えて歯形を変えていた「叉状研歯」などの例もあるからである。

「歯・る」はすでに「刃・る」の意が濃厚である。矢の先などの「刃を分離さす」というのが矢をつがえ弓を張るなどの「張る」であろう。同じく農具などの「刃を分離さす」のが開墾する意の「墾る」であろう。さて弓を張ると結果は大きく反り曲がるものである。これが「脹る」(下二段自動詞、膨脹《ぼうちょう》する)であろう。同じように、天空に垂れこんでいた雲などがひろがって空が膨脹することを「晴る」として転義したと考えられる。

「歯・ぐ」も「刃・ぐ」の意が強い。ここで多少当時の皮剝ぎのようすを想像しておこう。皮を剝ぐときには最初の切り口には刃で傷を入れるが、次には「刃を働かせない」でシャキッと丸ごと手などで剝がねばならない。なぜならば、そうしないと刃物で毛皮を傷つけてしまうおそれがあるからである。それゆえ「刃を働かせない」→「剝ぐ」の意ができたのであろう。この四段他動詞「剝ぐ」の結果が「はげる」意「禿ぐ」である。

「歯・ず」には〝歯に力が入らない〟という古形四段他動詞を想定せねばならない。その結果が、下二段自動詞「はじける」などの「爆《は》ず」であろう。豆などを嚙むとき、「歯に力が入らない」ため、ガリッと嚙めず、その結果は「爆じけ飛ぶ」などが想像できるからである。

「歯・づ」とは〝歯（刃）が戦わない〟ことで、戦闘などのとき「刃が戦わない」とは、降服などの意であろう。これは卑怯なことで恥ずべきことである。まずこれが「恥づ」であろう。

次に、女子どもたちが口に手を当てて歯を隠して恥ずかしがっているゼスチャーがあるのに気づくのである。これも「歯が戦わない」ことを示す「歯を隠す」ゼスチャーかもしれない。

以上のように語頭に「ハ」を持つ動詞は、歯または刃で大方説明できたと思う。人間の歯は弓矢の刃、大地を耕す刃などへとすでに投影されていたふしもあった。

喉《の》

さて「ノド」は古く「ノミト」といわれていた。語源は「飲み門《と》」と考えられ、さらに古くは「飲む」の語頭「乙類ノ音」ではなかったかと推定される。

喉《の》＋
- く……仰く　退く　残く　仰く下二　退く下二
- む……飲む　祈む
- る……伸る　乗る　宣る（罵る）告る
- ぶ……伸ぶ（延ぶ）述ぶ下二　伸ぶ下二

「喉・く」は〝喉が働く〟として考えてみよう。喉は発声や呼吸をする急所である。それゆえか角を持つ鹿や牛、さらに犬や狼などもかならず相手の喉笛めがけて突っこんだり咬みついたりする習性を持っている。このような急所だからこそ、喉を引き締めて敵に向かわねばならなかったのであろう。

　この「喉が働く」などは防備をおろそかにすることであり、これが「喉が上がってしまう」などの「上を向く　あお向く」という「仰《の》く」であろう。そしてそのようなことは敗北であり、次の「退《の》く」（退却する）意へと転じたと思われる。さらに退却するときには、しんがりという一群を残して他は引き下がるものである。これが「残《の》く」（残し置く）であろう。下二段「仰く」や「退く」は分化である。

「喉・む」とは〝喉をいっぱいにする〟こと。

これは、そのまま喉元でグイと飲み干す「飲む」意をつくっている。次に「喉」には発声器官があるから、〝喉の充満〟とは大きく声を出すなどの意となったのではなかろうか。これが「いのる」意の「祈《の》む」ではないかと考えられる。「言霊信仰」を思い起こすならば、言うことは実現することであるから、「喉・む」は「いのる」意となったのであろう。

「喉・る」は〝喉が消褪する〟というように、先の「仰く」（あお向く）と同じく「喉元がおろそかになる」などとしてとってみよう。これが「のけぞる」などの「伸《の》る」であろう。しかも、この「のけぞる」などの状況は、いくさに勝ち誇ったときなど大いばりでのけぞるなどのことでもある。このような「のけぞる」意の「伸る」から「乗る」意が転義していよう。

最後に、「声」などの意としての「喉」を考えてみよう。〝声を分離さす〟という「喉・る」ならば、大きく声を出して宣言するなどの「宣る　告る」の意となろう。なぜコトバを出すことが「宣言」などの意になるのかというと、先の「言霊信仰」が思い起こされるであろう。言うこと「言《こと》」は、出来事「事《こと》」と同じものだったから、コトバは宣言や約束として映っていたと考えられるのである。

「喉・ぶ」とは〝喉が飛び散る〟という喉元の拡散としよう。これからは、首を伸ばすときに喉元が開くようすが想像できるであろう。これが「喉の拡散」↓「伸びる」の「伸ぶ」であろう。次に「声」などが「伸びる」ようにするという下二段他動詞形「述ぶ」が分化している。さらに下二段「伸ぶ」（のばす）も分化である。

以上のように乙類「ノ」音を、「喉《の》」と記したが、「ノド」や「声」の意なのであった。とくに「喉」は急所として考えられ、常に防備せねばならぬものとして映っていたふしがある。

さてこれまで、人間の「口、歯、喉」などを見てきたわけである。先の「皮や身」という外観や中身は万物に想定されていたが、これらの「口、歯、喉」などになると、しだいに人間臭を帯びてくる語群だったといえよう。とくに「喉」になると、「祈《の》む」「宣《の》る」などコトバや宗教祭祀の世界の話にまで発展していたのである。

このように「口」や「歯」や「喉」を理解していた人びとには、「飢え」や「食物」はどのように見えていたのであろうか。

7——飢えと食物

人間にある本能、性欲、睡眠欲などに比べ、食欲ほど大切なものはないであろう。食欲は「飢え」によって引き起こされ、食物摂取によって鎮められる。このような「飢えと食物」はどのように眺められていたのであろうか。

飢《う》

「飢え」はア行「ウ」音のようであった。逆にワ行「ウ」音が「食物」を意味していたようである。上代ではすでにア行とワ行「ウ」音は区別されていないが、古くはきちんと意味も発音も違うものとして取り扱われていたのであろう。「ア」行が「u」でワ行が「wu」などの発音だったと思われる。

まず「飢《う》」として記載してみよう。

飢《う》＋
- く……浮く　穿く下二　浮く下二
- す……失す下二
- む……倦む

―う……飢う下二

「飢」として考えられるのは右図のようであった。「飢・く」から説明していこう。
「飢・く」とは〝飢えが働く〟ということ。

これは、空腹でフラフラになって宙に浮くなどの「浮く」ではなかろうか。空腹になるとフラフラになるからである。さらにアニミズムにおいては「餓鬼《がき》が腹に宿る」とか「腹に巣くう」などと同じく、「腹の虫がおさまらない」などと餓鬼や腹の虫などが体内に侵入すると「飢えが起こる」と考えられていたから、〝飢えが働く〟として空腹になること「浮く」がつくられたのだろう。

次に「空腹になる」という意からは「穴がほげる　えぐりとられる」などの「穿《う》く」が転義していよう。「穿《う》く」とはえぐりとられてなかが空洞になることであり、「空腹」に近い意味だからである。下二段「浮く」（浮かべる）は分化である。

「飢・す」には古形〝飢えを増やす〟というほどの四段他動詞形を想定してみよう。「飢えを増やす」とは相手に食物を与えないなどで、その結果が「死ぬ　なくなる」などの下二段「失す」であろうか。または、古形〝飢えが増える〟↓〝死ぬ　なくなる〟などの「飢餓《きが》死」が「失す」であり、下二段化は通時的変化かもしれない。

「飢・む」とは〝飢えが充満する〟〝飢えがいっぱいになる〟など「飢餓状態」のことであ

ろう。これが「飽《あ》きて疲れいやになる」などの「倦む」と考えられる。

「飢・う」とは〝飢えがとどまる〟ことで、これはそのまま「飢う」（下二）であろう。

ワ行ヤ行の下二段

この「飢う」が下二段活用である理由は、他のワ行活用「植《う》う」「据《す》う」「聶《ひ》う」がみな下二段に活用するのを参考にすると、先に見た四段⇅下二段の法則とは合致せず、すでに下二段活用が優位を占めるようになっての造語法のように思われる。

この例は同じ半母音である「ゆ」語尾についてもいえそうである。二十数個ある「ゆ」語尾動詞のうち、四個の上二段動詞「老《お》ゆ」「悔《く》ゆ」「臥《こ》ゆ」「凍《こ》ゆ」をのぞいて、すべてが下二段活用形だからである。

以上「ウ」音のひとつ「u」は「飢」と記して「飢え」であった。これは「憂《う》し」の語幹の「ウ」音であり、「ウナル」「ウメク」など「空腹でウーウー」いうときの「ウ」音と同じであろう。次に「wu」を見てみよう。

食《う》

「食」と書くが「うり」（瓜）「うも」（イモの古形）など植物性食物だけでなく、「うさぎ」

「うし」「うを」（イヲとも）「うなぎ」など動物性食物の「ウ」音でもあったろう。一応「食《う》」として記載してみる。

食《う》＋
- く……受く（請く）下二
- つ……打つ（撃つ）打つ下二
- む……生む 産む 績む 熟む（膿む） 埋む下二
- る……売る 熟る下二
- う……植う下二

「食・く」には〝食が働きかける〟という、食物が人間に働くなどの古形四段を想定しよう。

このように〝食物が働く〟ようにするというのが、「受けとる」などの下二段「受《う》く」ではなかろうか。これは大自然の糧などをさずかるなど「受けとる」ためには、食物のほうからそうなる（食・く）ようにしむけるという人間の知恵が感じられる造語といえるであろう。

ここには無差別な収奪から計画的な農業や畜産など、相手が働くようにしむける技術がすでに発達していたことをうかがわせてくれるものがある。

「食・つ」とは〝食との戦い〟であろう。獲物との戦いのとき、古くは石器などで「打っ」たり、のちに弓矢で「撃つ」などを〝食との戦い〟として造語したと考えられる。下二段受身形「打つ」（打たれる）は分化である。

「食・む」には〝食をいっぱいにする〟という古形四段他動詞を考えてみよう。これは豊穣や豊猟（漁）の意であろう。豊穣は多産と結びつくから、「生む」や「産む」が転義されたのであろう。さらに「生む」→「績む」（糸をつくる）などへと発展している。

他方〝食がいっぱいになる〟という自動詞形からは、「熟む」（果実が熟する）が造語されていよう。そしてそれは人体の腫《は》れ物が化膿《かのう》してうむなどの「膿む」などに取り入れられている。このことは先の「空腹」から「穿《う》く」（膿が出る）が造語されていたのと対応している。

さて、「熟む」（うれる）ようにすることが、「埋む」（うめる）ではなかろうか。これは果物などは青いうちにちぎっておき、地下に埋めて熟れるのを待つなどの習慣がすでにあったということであろう。現代でも、ミカンなどは地下に埋めて保存しながら熟れさせることがあるし、縄文時代にもトチやドングリやクリなどを地下に埋めていたなどの遺跡の発見が、これらを示唆してくれよう。[3] これらが「熟む」→下二「埋む」の系列である。

「食・る」とは〝食を分離さす〟など、果物などを立派に成熟させることとしてとってみよう。その結果が下二段「よく熟れる」の「熟る」と考えられる。

さて〝食を分離さす〟に戻ってみよう。物々交換にしろ、こちらの食糧と相手の品物などとの交易を行うようになると、〝食の分離〟として「売る」意をつくったのではなかろうか。縄文時代すでに黒曜石《こくようせき》の鏃《やじり》が交易されていたといわれているなどがあるからである(3)。「食・う」とは〝食を保存する〟というほどの意で、先の「食」が採れすぎたとき、成熟させるため埋めていた「埋む」などを参照するとわかりやすいかもしれない。つまり彼らは「熟れ」させるために「埋め」ていたのであるが、それは一種の保存法でもあったと考えられる。このように「食を保存し」ていると、いつしか芽が出て木になるなど、「植え」たことになるのに気づいたのではなかろうか。これが農業の起源「植う」（植える）であろう。

以上「wu」は「食」（食物）であった。先の「u」が「飢」であったのと対応して、人間の食欲本能と関連していた。

8――手と指

手《た》

「手《た》」は「手《て》」の古形といわれている。「手綱《たづな》」「手向《たむ》け」などの語頭としてや、「手寄《たよ》る」（頼る）「手祈《たの》む」（頼む）などの三音節動詞もつくっている。それゆえか「綰《た》く」が「手《た》」

の動詞化（『角川古語辞典』）といわれる所以《ゆえん》があろう。さらに「手」は現代でも「手が揃う」「手が足りない」など、「労働の手」などの意で使われることがある。太古においてもたんなる手だけではなく、「働き手」などの意もあったであろう。

手《た》＋
く……綰く　焚く　闌く下二　長く下二
つ……絶つ（断つ　裁つ）　立つ　発つ　立つ下二
ふ……堪ふ（耐ふ）下二　支ふ（遮ふ）下二
む……彩む　訛む上二　回む上二　廻む上二　揉む下二　矯む下二　溜む下二
ゆ……絶ゆ下二
る……足る　垂る　疲る
ぐ……食ぐ下二
づ……（？）たでる下二

「手・く」とは〝手を働かす〟ことで、これが先の『角川古語辞典』でもいう「綰く」（髪をかき上げる）などの意である。この「綰く」は舟たく、馬たくなど「手で舟をあやつる」「馬をあやつる」などの意へと転義され、最後に「火焚く」「飯炊く」など「火を焚く」意を分離独立させたと考えられる。これら四段「綰く」の結果は、下二段自動詞「闌《た》く　長《た》く」

などの意「深まる　長ずる」をつくり、「秋たく　日たく　年たく」などとして用いられてもいる。

「手・つ」はまず〝手を戦わす〟という他動詞としてとってみよう。手が戦えば、相手の命などを絶つなどの「絶つ」意となろう。彼らの狩猟では命を絶ったあとではかならず皮剝ぎや肉の解体が連続して行われたのではなかろうか。すぐに皮剝ぎをしないと肉は臭くなるといわれているからである。これが切断するなどの「断つ」であり、皮剝ぎの意は「裁つ」（裁断する）が暗示してくれていよう。このように「絶つ」↓「断つ」↓「裁つ」などは、狩猟のなかで連続して行われた作業なのである。

次に逆の〝手が戦う〟という自動詞形「手・つ」を考えてみよう。手が戦うためには、彼らは立ち上がらないといけないはずである。これが「立つ」である。そしてさらに狩猟などの目的地に出発せねばならなかったはずである。これが「発つ」であろう。のちに「立つ」から「建つ」が、さらに「発つ」から時間の経過「経つ」が転義しているのである。下二段「立つ」（立たせる）などは分化である。

「手・ふ」には〝手が対立する〟と〝手を対立さす〟など自動他動の二形式が考えられる。

まず、相手の手とこちらの手が交差するなどは相撲やレスリングのときの手が組みあわさるようなことで、持ちこたえるなどの「耐ふ　堪ふ」の意となるであろう。他動詞形〝手と手とを対立さす〟意ならば、「ささえる、さえぎる」などの「支ふ　遮ふ」となろう。どちらも通時的にか下二段化している。

「手・む」はやや複雑である。ここで、弓に矢をつがえ両手を胸のところから頭のほうへひろげながら水平で止めて、ねらいを定める日本式弓道の形を思い起こしてみよう。この両手がぐるっと回るのが「回《た》む　廻《た》む」（ぐるっとまわる）ではないかと思われる。つまり「回《た》む」とは弓道のときの「手の充満」の形なのだろう。

それが下二段に他動詞化されると「満を持した状態におく」（『岩波古語辞典』）などの「溜む」や、「弓を引きしぼって狙いを定める」（『岩波古語辞典』）などの「揉《た》む」を転じたと考えられるのである。

さらに「廻む」（まわる）から「訛む」（なまる）ができた（『岩波古語辞典』）といわれ、「揉《た》む」→「矯《た》む」（矯正する）などから「彩む」（色を塗る）などが転義したと考えられる。

「手・ゆ」とは〝手が変わる〟ということで、手がだらりとぶら下がるなどとしよう。これは日本人が死んだときなどのイメージとして映像化されることが多い。これが「手・ゆ」→「絶ゆ」（途絶える）の意ではなかろうか。古く「探湯《くかたち》」という神判では、神前で熱湯に手を入れさせて真偽が判定されていたのである。

さらに日本の幽霊は「うらめしや！」といって手を垂らして出てくるものである。このように手は特別なものと考えられていたので、〝手が変わる〟→「絶ゆ」が転じたのだろう。

「手・る」を〝手が消褪する〟として眺めると、手がだらりとぶら下がるなどで、これが

「疲る」（つかれる）や「垂《た》る」（たれる）の造語と考えられる。逆に〝人手などが分離する〟というのが「充分に手が揃っている」などの「足る」（たりている）であろう。
「手・ぐ」には〝手が働かない〟という古形を想定せねばならない。その下二段他動詞形だと「手が働かないようにする」→「手を働かせない」というほどの意となろう。太古ではこのように手を休めることは「食べる　飲む」などの意をつくったのではなかろうか。このことは太古の労働では常に手を使っていたことと無関係ではなかろう。

　現代でも「上がりなさい」といえば、「仕事をやめなさい」の意とともに「食べてください」の意に使われるのを知っている。そして「上ぐ」も「汗・ぐ」という〝労働をしない〟という意からであったこととも符合しているからである。
「手・づ」には古形〝手が戦わない〟を想定してみよう。その下二段他動詞形が「たでる」意の「たづ」ではなかろうか。なぜならば、これらの「たでる」治療は直接手術したりせず、間接的に温浴したり蒸したりする治療だから、〝手を衝突させない〟療法と映ったのであろう。これが「手・づ」→「たづ」である。

　以上「タ」音は「手」であった。労働や作業を行う手であり、いくぶん「絶《た》つ」「支《た》ふ」など攻撃的な意が持たされていたのである。

　この「手」がかなわなくなるのをおそれていたふしもあり、「絶ゆ」や「垂る」などがそれらを示している。さらに「手」は、「立つ」や「闌《た》く　長く」のごとく立体的に上方に上げるなどの意が濃厚であり、名詞「縦《たて》」は「立つ」からできたといわれている。次に手と対の関係にある「指」について眺めてみよう。

指《よ》

「指」は古く「および」と呼ばれ、のちに「ゆび」として安定している。ここで「および」の「お」を接頭語とすると、古く「よび」が想定され、さらに古く乙類ヨ音「yö」が「指」の意ではなかったろうか。

指《よ》＋
- く……避く 上二または四段
- む……数む　詠む　読む
- る……寄る（由る）　疲る　搓る　搓る 下二
- づ……攀づ 上二

「指・く」には〝指を働かす〟という四段他動詞を想定してみよう。ここで向こうからこぶしなどが飛んできたときのことを想像してみると、反射的に指で摑んだり避けたりするのがわかる。これが「避ける」意の「避《よ》く」であろう。

「指・む」とは〝指を集中させる〟ということであるから、これは「ひ・ふ・み……」と数えて指を折り曲げるしぐさではないかと考えられる。これが「数える」意の「数《よ》む」であろう。そして「数える」ことと次の「歌を詠む」とか「文字を読む」などの連続性がいまひとつピンと来ないが、古い歌が韻を踏んでいたことを思うとき、私たちも俳句をつくるとき「古池や、蛙……」など「五・七・五」と指を折って歌をつくっていたのを思い出す。これが「数む」→「詠む」、さらに「読む」への発展の理由ではなかろうか。

「**指・る**」は複雑である。〝指が分離する〟という四段自動詞から考えてみよう。これが相手に近づくという「寄る」ではなかろうか。先にも「頼る」が「手寄る」であったように、「寄る」は〝指が相手に近づく〟ものとして映ったと考えてもさしつかえないからである。

次に〝指を分離さす〟という他動詞形を考えてみよう。これは指先で何かをつくるなどの意となろう。これがこよりなどをつくる意「搓《よ》る」と考えられる。

最後に〝指が消褪する〟という「指・る」を考えてみよう。これが「つかれる」という「疲《よ》る」ではなかろうか。疲れると振戦《しんせん》といって、指先のふるえなどが起ることをわれわれは知っているからである。

「**指・づ**」には〝指を衝突させない〟を当て、考えてみよう。これが「摑んで手元に引き寄せる」という「攀《よ》づ」を転義したのではなかろうか。「攀づ」（手元に引く）とは、「撫づ」（なでる）や「たづ」（たでる）と同じように、指や手を相手と戦わせずに「指で握って引っ張る」だけの意だからである。

さらに「よじ登る」などの意にも使われ、むしろ「指の力を頼りにする」などの〝指を戦わせない〟意が濃厚なのにも気づくであろう。

以上のように「yö」音は「指」であった。これは先に見てきた「手《た》」と意味的に近似なためか、「疲《た》る」と「よる」（疲労する）、「たづ」（たでる）と「攀《よ》づ」（よじる）など似た意をつくっていた。ところが「綰《た》く」が上方への手の動作であるのに対して、「避《よ》く」は水平の動作という違いも存在しているのである。このことは、先の「縦《たて》」の語源が「立つ」からで、「横《よこ》」の語源が「避く」からといわれているのと符合していよう。確かに「手」は上下に動きやすく、「指」は水平に動きやすいものである。

9――男性性器と女性性器

これまで人体から出る体液やガス、外観と内部の「皮と身」、さらに食物などが内部へと入る「口、歯、喉」、さらに「飢えと食物」そして「手と指」を見てきた。ここで少し視点を変えて、「男と女」はどのように見られていたのであろうか。太古でも男性性器は「ヲ」と表現し、女性性器は「マ」として眺めるなど、やはり男女の差は性器の差として受けとめられていたふしがある。

尾《を》

「ヲ」音そのもので、「ペニス」の意を持つ語はすでになくなっている。「男《を》」や「尾《を》」には多少の名残が感じられるが、古く「ペニス」そのものが「ヲ」と呼ばれていたのではなかろうか。筆者の友人の息子が、父親のペニスを見たとき、「尾が生えている」といったということを聞いたことがある。古くは動物の「尾」もペニスとまちがわれやすかったのかもしれない。一応「尾」と記すが、「ペニス」の意である。

尾《を》＋
- く……招く
- す……治す
- つ……復つ上二
- ふ……終ふ下二
- ゆ……瘁ゆ下二
- る……折る　折る下二

「尾・く」を〝尾に働きかける〟としてみよう。

古く「女性が男性を招き入れる」などの「招く」という動詞があった。これは〝ペニスに働きかける〟という意から造語されたのであろう。女性器は男性器を誘いこむからである。「尾・す」とは〝尾に力を加える〟ことで、自分のペニスの勃起能力を増大させることなどとしてとってみよう。これが「治《を》す」の「おさめる」という意ではなかろうか。古い多産豊穣の世界では、すでに男根は祭祀器として崇められ、縄文中期の男根型石棒が出土しているなどはすでに述べたとおりだからである。

S・フロイトは、男性の巨根願望や女性の男根羨望を現代人の神経症のなかに発見しているのである。このようなことからも、「ペニスの勃起能力」などの「尾・す」が、「治める」意「治す」となるのはうなずけるであろう。

「尾・つ」とは〝尾が戦う〟というものであろう。ペニスが戦うという表現は「若さが戻る」などの「復《を》つ」の意になることもうなずけよう。さらにこの「復《を》つ」から「をとこ」(男)や「をとめ」(乙女)ができたのを知るとき、〝尾の戦い〟の意はより明らかになる。

「尾・ふ」の古形は〝ペニスを交流さす〟という性交の意であろう。ペニスの交流とはワギナとの性交のはずだからである。その性交の結果は、下二段自動詞「終ふ」(おわる)という意になろう。

「尾・ゆ」とは〝ペニスが変わる〟という表現で、ペニスの勃起力などがなくなることをいったのであろう。これが「病み疲れる」などの「瘁《を》ゆ」の意になるのもうなずける。

「尾・る」には〝尾を消褪さす〟が考えられ、これはペニスをだめにするなどの意であろう。

そこで「折る」とはポキンと長い物を折ってしまう意であるが、古くは性交などのとき、ペニスを途中で折ってしまうなど「不完全性交」の意だったのではなかろうか。このことは下二段自動詞「折る」（折れる）が「四十折れ」などとして使われるとき、「四十歳代で一時的にインポテンツになる」などの意として表現されることなどが暗示してくれるであろう。

以上のように「ヲ」は「尾」として記したが、「ペニス」の意であった。それでは女性器はどのように見られていたのであろうか。

股《ま》

女性器は「陰門《ほと》」とか「窪《くぼ》」とか「開《つび》」などと呼ばれていて、「マ」音で呼ばれたものは文献にすでにない。しかし「マ」音の分析からは、どうしても「女性器」を推定せざるをえなかった。いまでも幼児語や隠語でマンコとかオマンコと呼ばれる「マ」音のことではなかろうか。

仮に筆者は、「股《また》」の「マ」音を借りて「股」と記すことにする。「股《また》」とは「マ・手《た》」の意で、女性器から分かれる「手《た》」の意と理解されるからである。これは「肩」（皮《か》・手《た》）、「臓」（輪《わ》・手《た》）、「涙」（並《な》み・手《た》）などの「手」と同起源と思われる。

さて蛇足になったが、「股」と記してみよう。

股《ま》＋

く……巻く　蒔く　婚く（枕く）　罷く　任く下二　罷く下二　設く下二　負く下二
す……増す（益す）
つ……待つ
ふ……回ふ　舞ふ
る……放る
ぐ……覓ぐ　曲ぐ下二
ず……交ず下二（雑ず）

「股・く」は複雑である。まず〝女性器、股に働きかける〟という性交をいどむ光景を想像してみよう。これが女性を抱くとか性交する意「婚《ま》く　枕《ま》く」であろう。一方で、抱きしめるということは手足を巻きつけるなどであるから、抽象的な「巻く」意をつくっていようし、他方、性交（多産）は種蒔き（豊穣）と同じとの思考から、「蒔《ま》く」が転じたと考えられる。

　さらに性交の結果が、下二段自動詞「負く」（まける）意ではなかろうか。演歌の歌詞に「抱いたら負けよ……」というのがあるが、確かに女性を抱いたら負けという思考はわかるような気がするのである。

次に〝股が働く〟という自動詞を考えてみよう。『日本国語大辞典』に四段自動詞「罷く」（命ぜられて行動する）という語がのっている。〝股が働く〟とは男性器に対して受動的に命ぜられて行動せねばならぬところから、このような四段「罷く」の意ができたのであろう。それが下二段に他動詞化されると、「命じて行かせる」という「罷く　任く」などを分化したのだろう。

最後に「予期して待つ　準備する」などの「設く」（下二他動詞）があるが、これは〝股が働きかける〟ように、男性側がするというほどの、性交の前準備などの意と考えられる。

「股・す」とは〝女性器の程度や回数が増える〟というのが原義であろう。この女性が性的に旺盛になるという意が、のちに抽象的な「ふえる　増加する」などの「増す　益す」の意をつくったと考えられる。

「股・つ」とは〝女性器と戦う〟というのであるから、性交を拒否する「女性器との戦い」などの意であろう。このようなときにはじっくりと時が来るのを待つに越したことはないはずである。

これが「待つ」であろう。

「股・ふ」とは〝股が交流する〟という意で、女性器がペニスと交流する、というほどの意であろう。性交時にはペニスのまわりをワギナは回る形になるものである。これが「まわる」意の「回ふ」であろう。さらに「回ふ」から「舞ふ」が転義していよう。男性の前で舞う女性に性的なイメージがわくなどが、この「股・ふ」↓「回ふ」↓「舞ふ」を暗示してくれる。『古事記』の「天《あま》の岩屋戸《いはやど》」の前で舞ったアメノウズメの裸踊りは、まさに股の交流であったし、ちなみに、「をどる」（踊る）の語源も「尾《を》・取《ど》る」などが考えられるからである。

「股・る」とは古く〝股を分離さす〟など、女性をオーガスムに達させるなどの意があったのではなかろうか。この「股・る」からは、男性器「マラ」や客人の意「マラヒト」などが名詞化されているのである。古く客は神として崇められ、一夜妻をさしだすなどの風習があったという折口信夫[4]の説なども有名である。さて、この〝股を分離さす〟という意からは、「射精する」などを通じて、大小便をするなどの「放《ま》る」が転じて残ったと推定されるのである。

「股・ぐ」とは〝女性器を働かせない〟というほどの、粗野なまたは稚拙な男性側の求め方ではなかろうか。これが性急に求めるという「覓《ま》ぐ」の意と考えられる。このことは先の女性をものにするには「待つ」に越したことはないなどの「待つ」が暗示してくれるであろう。

次に、古く〝股が働かない〟などの興味を示さない女性器があったとしてみよう。このように〝股が働かない〟と男性器は「曲がっ」てしまうはずである。下二段「曲ぐ」（まげる）は、「曲がる」ようにするというその他動詞形であろう（「折る」の項も参照のこと）。

「股・ず」には〝股が力を増さない〟という〝女性器が締めつけてこない〟などの性交時の情況を想像してみよう。この「締めつけてこない」ようにするというのが、下二段他動詞「まぜる」の「交ず　雑ず」ではなかろうか。ペニスで掻きまわすなど「まぜる」と、女性器は締めつけてこないなどの性交時の印象による造語なのであろう。

以上「マ」音は女性器「股」であった。コトバをつくったのは男性であろうから、男性側の目から克明に性交が眺められていたと思える。先のペニス「尾」が「治す」「復つ」など若さや支配欲のシンボルと考えられていたのと対照的に、女性器には性交の意とともに、豊穣など地母神的な描写が見られた。たとえば「蒔く」や「増す」や「舞ふ」などには豊穣や祈願の意があり、逆の「折る」とともに「曲ぐ」などは不吉なもの「凶《まが》」(「曲ぐ」の名詞形であろう)などの意が持たされていたのである。

このように当時の性交は、多産豊穣の思考に裏うちされていたため、神秘的・儀式的なニュアンスが強かったであろうと想像されるのである。

10――精霊と悪霊

第二章の「「夢」と「息」」の項ですでに「いめ」(夢)とか「いき」(息)の「い」は精霊

の意ではないかと推定した。それは「いのち」の「い」でもあるから「命」を記載しておいたものである。次に未開人や上代の病などの思考のなかに、「もののけ」などの悪霊が想定されていたことも知っている。これらの精霊や悪霊などはどのように理解され、造語のなかで使用されていたのであろうか。それが本節の眼目である。

命《い》

精霊の意を「いのち」の「命《い》」と記そう。ここで「イ」音にはア行イ音とヤ行イ音の二つが理論的には存在していいはずである。ところが、この二つはすでに万葉仮名でも書き分けられていない。そこで意味論的に眺めてみると、ア行の「イ」とヤ行の「イ」は区別されていたふしがあり、ヤ行の「イ」こそ、精霊の「命」のようであった。ア行の「イ」は「痛」（痛しのイ）と考えられるが、ここではふれないでおく。「命《い》」とは、

命《い》＋
- く……生く　行く
- ぬ……往ぬ ナ変
- ふ……言ふ　食ふ
- む……忌む（斎む）
- ゆ……射ゆ 下二

―る……入る　煎る　射る上二　鋳る上二　沃る上二　入る下二
―づ……出づ下二

などであった。これらを「命・く」から説明していこう。

「命・く」とは〝精霊が働く〟ことで、これはそのまま「生く」（生きる）の意であろう。生きることこそ、もっとも重要な〝精霊の働き〟にちがいないからである。この「生く」から「息《いき》」が名詞化されていた。

次に、〝精霊の働き〟（命・く）は「行く」を転義させていよう。当時の狩猟・漁撈・採集という、いわば四季による移住生活者たちは、時節が来たらかならず次の目的地に行かねばならなかったはずである。行けないことは、行き倒れであり死を意味したにちがいない。それゆえ「行く」ことは「生きる」ことと同義と考えられたのであろう。これが「命・く」↓「生く」↓「行く」の詳細である。

「命・ぬ」とは〝命《い》がなくなる〟ことで、これはそのままナ変動詞「往ぬ」（去る　過ぎる　死ぬなど）の意ではなかろうか。先に〝精霊の働き〟が「生く」「行く」なのを思い起こすと、逆の「死ぬ　去る」などは「精霊がなくなる」意だということがわかるからである。

「命・ふ」には〝精霊を交流さす〟という四段他動詞を想定しよう。言霊信仰を思い起こすならば、コトバにも精霊が宿るという信仰であったから、その言霊を交流さすことが「言ふ」意になるのであろう。「食《い》ふ」とは口にする、食うという意で、「言ふ」の「口にする」などの意と同根であろうという（『岩波古語辞典』）。

「命・む」には〝精霊を充満さす〟という四段他動詞を想定しよう。これは身体のなかなどに精霊をいっぱい溜めるなどの意であろう。悪霊との相対関係を考えてみるならば、悪霊などを避けて部屋などに閉じこもり、身を慎《つつし》んで体内に精霊を充満さす（命・む）などの意が浮かびあがってくる。これが「斎む」（避ける）、「忌む」（タブーとし、嫌う）であろう。

「命・ゆ」とは〝命が変わる〟という表現で、「射られる」意の「射ゆ」を造語したのではなかろうか。弓矢で「射る」などは相手の精霊を滅ぼすなどの思考があったことは、次の「悪霊」の意の「霊《や》」から「矢《や》」が転義したことなどが物語ってくれるであろう。

「命・る」には、まず〝精霊を消褪させる〟という他動詞形を想定しよう。この精霊を消褪させることが、先の「射ゆ」と符合した「射る」であろう。弓矢で射ることは相手の精霊をやっつけることなどとして映っていたからである。この精霊の消褪からは「煎《い》る」（豆などをいる）などジリジリと殺す意が転義している。さらに「射《い》る」の持つ何本も矢を射かける意などから、「あびせる」などの「沃《い》る」も転義していよう。「鋳《い》る」（鋳物《いもの》をつくる）ばいも「あびせる」ように鋳型《いがた》に溶解物を入れるなど、似ているための転義であろう。

次に〝精霊が分離する〟という「命・る」を考えてみよう。先にも「斎《い》む」の項で悪霊を避け、体内に精霊を充満させ回復を願うなどの悪霊対精霊の相関を眺めている。このように精霊が分離するなど回復するためには、精霊は体腔とか部屋など守られた空間のなかに入り回復を待つという思考があったのではなかろうか。これが「入る」（四段　なかにはいる）であろう。下二段「入る」は分化である。

「命・づ」とは〝精霊が衝突しない〟など、精霊が悪霊と衝突しないなどの意を想定しよう。このように外界におびやかす悪霊がいないときには、先の体腔や部屋などに「入って」いた精霊は、その結果そこから「出る」というのが「出づ」の意ではなかろうか。このことは先の「入る」と対比させてみるとより明らかになるであろう。

以上のように「命《い》」（精霊）は、「生く」「行く」「言ふ」など生命や言霊や「命《い》・目《め》」（夢）のごとく、眠っているときも活動する、体内のエネルギーであった。しかし悪霊との相対関係では、「斎《い》む」「入《い》る」など体腔や部屋に閉じこもらねばならぬなど弱い関係に置かれていたふしもある。次に悪霊の意を「霊《や》」と記して、さらに眺めて対比してみよう。

霊《や》

「ヤ」音はやぶ（藪）・やま（山）・やみ（闇）などのヤ音で、「病」などを起こす悪霊などと考えられていたものであろう。ちなみに「病ひ」とは「病《や》む」を通じて造語されていようが、この「病《や》む」の「ヤ」音こそ、「霊《や》」の古い形を伝えているものと考えられる。

霊《や》＋
- く……焼く　嫉く　焼く下二
- す……痩す下二
- む……病む　止む　止む下二
- る……遺る　破る　破る下二

以上を「霊」として当てはめてみる。

「霊・く」には〝霊に働きかける〟という他動詞を想定してみよう。これが「焼く」意へと発展したのではなかろうか。「焼く」など調理に火の使用を始めたのは北京原人からといわれている。火を使用しはじめてからは生肉などを食べると消化不良などで腹痛を起こすことから、生肉には病の元、「悪霊」がいるなどの思考を抱くようになったのではなかろうか。そして、この悪霊に対処することが〝霊に働きかける〟↓「焼く」意をつくったと考えられるのである。のちに焼畑農業を始めたときでも、死体を焼葬にふすようになった時点においても、この悪霊追放のために焼くという意は脈々と連なっているのがわかる。

次の「嫉《や》く」は、焼くときのジリジリと焦げるようすなどからのちに転義されたものだという。

さらに下二段「焼く」(焼ける)は結果を示す転化である。

「霊・す」には古形〝霊を増やす〟か〝霊が増える〟が考えられる。前者だと、〝悪霊を増やし〟病気に罹患《りかん》させた結果は、「やせる」意の「痩《や》す」という転義ということになる。

後者だと、〝悪霊が増える〟という古形四段がいつしか下二段の「痩す」に活用形を通時的に変化させた結果と考えられるのである。一応二説を掲げておくが、病気になる↓やせる意はおわかり願えることと思う。

「霊・む」とは〝霊が充満する〟という意で、これが「病む」となるのは一目瞭然であろう。

ところが、次の「止む」(やまる)となるとわかりにくい。ここでは悪霊などをいつしか手なずけて、自分たちの守り神にしたなどの人類の神に対する信仰の変遷を考慮する必要がありそうである。この悪霊が精霊に取って代わった歴史について、人類学者、岩田慶治[5]氏の記述から紹介してみよう。

> 東南アジアでは概していうと、山地民族のカミは恐れのカミであり、そのカミの侵入を防ぐため村の入口に門を立てる……これに対して平地民族の場合には守るカミ、頼るカミである。村の一隅又は中央に社を立て……年二回の祭を行なう。

さてこのようなカミへの信仰の変遷は、わが山地を主とした縄文時代から稲作を中心とした弥生時代への変化においても起こったとしても不思議ではない。

たとえば「社《やしろ》」は「霊代《やしろ》」からであり、「八《や》」の字を尊ぶ上代思想などにも、いつしか「霊《や》」をうやまう心が認められるなどがある。さらに「優《やさ》し」や「安寝《やすい》」などの「ヤサ」や「ヤス」にも、すでに守るもの、頼れるものというニュアンスが感じられるであろう。

このように「悪霊」の意に変化が生じると、「霊《や》・む」の意も、神《や》などが充満すると「波風が止む」などの「やまる」意「止む」を転義したのではないかと思われる。その分化語が下二段「止む」（やめる）である。

「霊・る」とは〝霊を消褪さす〟というほどの意で、悪霊をやっつけるなどの「破る」がこれであろう。さらに悪霊をやっつけるなどの意から、タブーを破るなどの意へとひろがり、思いきって行かせるなど、「遣る」が転義していよう。下二段「破る」（やぶれる）は結果を示す転化である。

以上、精霊（命《い》）と悪霊（霊《や》）の世界を眺めてきた。「命《い》」は「生《い》く」「往《い》ぬ」「息《いき》」や「命目《いめ》」（夢）など、古代インドのプラーナ（気息）思想に近いものであった。さらに言霊の意でもあり、「言ふ」として残っていたのである。

逆に悪霊「霊《や》」は、「病」の元であり、主に「焼く」ことで退散させうると考えられていたふしがある。これがのちの焼畑農業や焼葬をはぐくんだ源流ではなかったろうか。のちに「霊」は「霊代《やしろ》」（社）などむしろ守り頼れるカミとして、意味が変質させられていたようである。

最後になるが、親と子について考察してみようと思う。

11——親と子

親《お》

「親」と記すが、これは集団のリーダーで、親の意であったろう。古くは「オ」と単音であり、のちに「老ゆ」などを通じて「オヤ」（親）として安定しているのであろう。一応「親《お》」と記す。

親《お》＋
- く……置く　起く上二
- す……推す　押す（圧す）
- つ……落つ上二
- ふ……追ふ　負ふ　覆ふ　生ふ上二
- ゆ……老ゆ上二
- る……織る　降る上二（下る）　愚る下二（疎る）

―づ……怖づ　上二
―ぶ……帯ぶ

「親・く」は〝親が働く〟という自動詞形としてとってみよう。これはリーダー「親」が働きはじめるなどの意として、メンバーには受けとめられたであろう。それゆえ、父親が働くとみな起き上がり父に従って働くなどのことが、「親が働く」→「起く」（起き上がる）ではなかろうか。

次に〝親に働きかける〟という、メンバーのほうが親に働きかける意を考えてみよう。これがいまでも「社長の座に置く」とか「据える」と表現されるような、具体的な「親の座に置く」意ではなかろうか。このことは当時の「親の座」というものが、メンバーによる推薦制などであったことを暗示してくれよう。親の座に「置く」ことから、抽象的な「物を置く」意が転義したと考えられる。

「親・す」とは〝親に力を加える〟というもので、先の「置く」のように「親の座に置く」など互選や推薦のことを参考にすれば、選挙のとき候補者を「推《お》す」などの意が浮かびあがってこよう。この「推す」から抽象的な「押す」が転義したと考えられる。

「親・つ」とは〝親が戦う〟など、「親」がメンバーと衝突するなどのことであろう。このようなメンバーとの対立は、先の互選制などから考えれば、選挙に落ちることとなろう。これが「親・つ」↓「落つ」と考えられる。

「親・ふ」は〝親が交流する〟という自動詞としてとってみると、〝親とメンバーとの良い交流〟が想像される。このようなときには子どもなどは立派に成長するであろう。これが「生《お》ふ」(よく育つ)であろう。

次に〝メンバーのほうが親に交流する〟という意を考えてみよう。これが父に追いつこうとするような「相手を目指して、それにとどこうと後から急ぐ」(『岩波古語辞典』)意、「追ふ」であろう。さらに父の負担を軽くさせるというような「肉体的または精神的重さを、身に受けささえる」(『岩波古語辞典』)というほどの「負ふ」が転義されていよう。「覆ふ」(おおう)とは「負ふ」の転(『岩波古語辞典』)という。

「親・ゆ」とは〝親が変わる〟こと。「老ゆ」という老化などはこの「親の変化」として眺められたのであろう。さらに「老ゆ」からは「オヤ」(親)が再名詞化されていた。

「親・る」とは〝親が消褪する〟としてとってみよう。これが「親の座」からの降格「降る」ではなかろうか。それが抽象化され、「下方に下りる」という「下る」を転義している。

さらに〝親の消褪〟として、ボケたり失策するなどの「愚る」や「疎る」をつくっているが、活用形は通時的にか下二段活用である。

他方、〝親を分離さす〟など立派にさせる意などを考えてみよう。これと「織る」との連なりは何だろうか。機織機《はたおり》は縄文晩期に渡来したといわれるが、そのとき「リーダーを立派にさせる」（親・る）ものとして、「織る」を造語したのではなかろうか。若い娘が許婚者《いいなずけ》が決まると、衣服を織ったりセーターを編んでプレゼントする姿は、古今東西女性に共通した心理のようだからである。

「親・づ」とは〝親が戦わない〟ということで、リーダーが、「恐れ、こわがっている」などの意を描写したのであろう。これが「怖づ」である。

「親・ぶ」とは〝親を飛び散らす〟という意となろうが、これは「帯ぶ」と結びつきにくい。それゆえ「帯ぶ」は「負ふ」の子音交換形ではないかと考えられる。

以上「オ」音は「親」の意で、集団のリーダーであった。とくに「親」はメンバーから推薦や互選されていたふしがあり、年が老いる「老い」などすると、みずから「降り」ていたなど、わが国のリーダーシップの特徴がうかがえる語群でもあった。

子《こ》

甲類コ音「ko」はいまでも「子」と記載する子どもの意である。「子」として記してみよう。

く……扱く（放く）
す……こす（下二）

子《こ》＋

ぬ……捏ぬ下二
ふ……恋ふ上二
む……子産むの約というが……。
ゆ……肥ゆ下二　蹴ゆ下二（越ゆ）
ぐ……焦ぐ下二
ぶ……媚ぶ上二

「子・く」とは〝子に働きかける〟という他動詞形としよう。第二章では、人の子が身から産まれるように、木の実などをすりつぶすと粉ができるなどから、「子」↓「粉」の転義を述べた。この〝粉に働きかける〟ことが「稲をこぐ」など籾殻《もみがら》から実を取り出す意「扱《こ》く」であろう。しかし屁などをこくなどと、かき出すなどの「放く」があるところを見ると、古く「子・く」が存在し、それは〝胎児をかき出す〟出産などの意ではなかったかと推定される。これが〝子に働きかける〟↓「かき出す　かき落とす」ではなかろうか。このことは後出の「焦ぐ」の項でも述べることになろう。

「子・す」とは〝子が力や量を増やす〟であるが、このばあい〝子どもっぽさとか子ども心が増える〟として考えてみよう。子どもっぽさの増大が、「こせこせする」という「こす」の意ではなかろうか。S・フロイトが幼児性の残存が神経症であるといったことや、「こせこせ」の逆の「おとなしい」が大人と関連することからもうかがえる。この「こす」が下二段活用なのは通時的変化としておこう。

「子・ぬ」とは「扱く」で述べたように、子↓粉という転義ののちに「粉をなくする」として、すでに「粉・ぬ」の意が強い。粉がなくなるまでこねあげることが「捏《こ》ぬ」と考えられるからである。この「粉・ぬ」から「コナ」（粉）が再名詞化されているなども傍証となろう。

「子・ふ」とは〝子と交流する〟など、両親が子どもとまじわる心などの意であろう。これが「恋ふ」の意となるのはうなずけるからである。

「子・む」とは〝子を集中さす〟というように、胎児を産道へ向けて集中させて「子を産む」ことではなかろうか。この「こむ」を「子産む」の約というのは誤りで、もともと「子《こ》産《む》」は存在していたと考えてよさそうである。

「子・ゆ」とは〝子が変化する〟としてみよう。現代の親たちも幼児が変化して成長する目安として、立って歩くことや体重が増えることを願わない者はいない。この幼児がはじめて爪先を上げて歩こうとすることが「蹴ゆ」（越ゆ）であり、体重が増えることが「肥ゆ」であろう。

「子・ぐ」には〝子に働きかけない〟という他動詞形を想定してみよう。これは先の「子・く」が出産のときの赤児を取り上げるようすであったのと逆で、赤児を取り上げないで見殺しにするなどではなかろうか。その結果が、下二段「焦ぐ」の「こげて黒ずむ」ではなかろうか。死産の胎児は暗褐色のこげた色をしているからである。しかし〝粉に働きかけない〟結果が、パンなどが「こげる」意「焦ぐ」となることも確かなことである。これも、子↓粉という転義と符合している。

「子・ぶ」とは〝子どもらしさが飛び散る〟などと、「子」を「子どもらしさ」としてみよう。「子どもらしさがなくなる」などは、「大人びる」「なまめかしくふるまう」など「媚ぶ」（こびる）の意となるのはうなずけるであろう。

以上甲類コ音「ko」は「子」であった。多産豊穣の思考から、「子」は「粉」へと転義されていた。縄文時代にドングリなどを粉にしてさらし、パン状にして焼いて食べていたことを物語る遺跡は先に見てきている。それゆえか「扱《こ》く」「捏《こ》ぬ」「焦《こ》ぐ」などには、「粉」のイメージが強く重なりあっていた。

さらに「子」は「子どもらしさ、子どもっぽさ」の意もあり、「こす」（こせこせ）や「媚《こ》ぶ」（こびる）などのなかに生き生きと描かれていた。最後に「恋ふ」なども、「子どもっぽさの交流」として見るべきかもしれないことをつけ加えておこう。

以上のように親と子の愛情が生き生きと描かれていたのが、これら「親と子」の造語からうかがえたことと思う。

12――語頭音の消長

人体にとって重要な二〇語

筆者が他著において二音節動詞から抽出分析した語頭音のうち、本著ではとくに身体と関係が深い二〇語を掲げて読者の批判をあおいだ。そこで、この二〇語についてふたたび眺め返してみることにしよう。すなわち、

身体から出る体液……汗《あ》、涙《な》、尿《し》
身体から出るガス……吹《ふ》（吐息）、匂《に》
生物の表皮と中身……皮《か》、身《む》
口腔内器官……口《く》、歯《は》、喉《の》
飢えや食物……飢《う》、食《う》
手や指……手《た》、指《よ》
男性器と女性器……尾《を》、股《ま》
精霊と悪霊……命《い》、霊《や》
親（リーダー）と子……親《お》、子《こ》

これらの二〇語のいずれを取ってみても、それぞれ人体やその生理にとって重要なものば

かりであり、その特徴においてもひけを取らないものばかりであったといえよう。逆に考えてみると、このように重要で特殊であるからこそ、最初に単音で名詞化され、二音節動詞創造期には語頭音として選ばれたのではなかろうか。このような中核的な意味を担わされた語頭音は、実際はどのような役割を持ち、それはどのように転義などしていったのであろうか。ここではこれら語頭音の消長をいくつかの語に限って眺めておくことにしよう。

「汗《あ》」の消長

語頭音「ア」は「汗」であった。同じく上代「ア」音で認知されていた名詞は次のごとくである。

あ〔吾・我〕――わたし　あたし
あ〔彼〕――《カ〔彼〕の転》あれ
あ〔足〕――あし　足占《あうら》、足結《あゆ》ひなど
あ〔畔〕――田の境界　あぜ　あじろ〔畔代〕などのア
あ〔網〕――あご〔網子〕などのア

さて、これら「ア」で表記されている語のうち「彼《あ》」は、「彼《か》の転」であるから除外せねばならない。「網《あ》」については、アミからの約という説があるが、ここでは検討群に入れておくことにする。

これら「吾《あ》」「足《あ》」「畔《あ》」「網《あ》」と「汗《あ》」との意味の連なりを調べてみよう。

まず第二章の類似の原理を思い起こして畔道《あぜみち》の「畔《あ》」と「汗」とを対比してみると、畔道が放たれると汗がふき出るように水が流れだすのが観察できよう。この類似性が「汗」から「畔」ができた理由であろう。田や畔を皮膚に流れる汗と関連させていた証拠は、皮膚病の「タムシ」や「ハタケ」などの命名が「田」や「畑」と関連することからも明らかであろう。

次に「網」であるが、網を引き上げたときの水しぶきや網の目は汗玉や皮膚裂線と形状が似ていることにも気づくであろう。

さらに「足」の働きや疲れも「汗」と似ているふしがある。常に放浪をして足を使っていた彼らは、「足」が働くときは汗もよく流れ、足がくたびれると汗も出なくなるなど、「働きの類似」を観察しての命名と考えられる。

最後に「吾《あ》」であるが、これは類似では説明しにくい。そこで連続の原理のうちの「部分＝全体」というシンボル化を思い出してみよう。つまり労働のときに出る「汗」という一部分のシンボルによって、「吾《あ》」（わたくし）という全体の意に用いたのではないかと考えられるのである。当時の共同労働や原始共産制を思い浮かべてみるならば、労働（汗）こそ「私」の存在理由だったと推定されるからである。

たとえば、のちの「私、僕、自分」などの日本語自称詞を眺めてみても、全体や上司に対して、公（おおやけ）⇅私（わたくし）、上司⇅僕（しもべ）など集団の一員としての労働の役割としての自分の意が濃厚なのがわかる。自分にしても、「自らをわきまえる」という「私」の上司に対する役割なのである。

以上のように古く「吾」も労働のシンボルとしての「汗」から命名されたふしがある。

要約すると、「汗」の消長は、次のようになる。

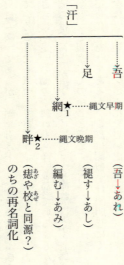

「汗」
- →吾　（吾→あれ）
- →足　（褪す→あし）
- →網★1……縄文早期　（編む→あみ）
- →畔★2……縄文晩期　（痣《あざ》や校《あぜ》と同源？）
  のちの再名詞化

★1――縄文早期には漁網用石錘出土（白浜、住吉町、吹切沢遺跡）。
★2――稲作は縄文晩期が有力になっている（板付遺跡など）。

「皮《か》」の消長

次に「皮《か》」の転義を見てみよう。「カ」音には、

か〔彼〕——遠いものを指す。あれ　あの人　あそこなど
か〔ケ（日）の古形〕——ふつか、など
か〔処〕——所　場所　ありか　すみかなど
か〔香〕——香り、また匂い
か〔蚊〕——夏虫のひとつ
か〔鹿〕——シカの古名　かのしし
か〔楫〕——《「かじ」の古形》楫子《かこ》など、櫓《ろ》
か〔毛〕——シラガ（白毛）などのカ

以上のように「カ」で表記される単音名詞は数が多い。端的に説明を加えてみよう。人間の「皮膚《かは》」や動物の「毛皮《かは》」、さらに果物など植物の「皮《かは》」は、中身を守り色づくと「香」を立てるものである。それゆえ「皮」の色などを「香《か》」（香り）の意に転用したのであろう。

「皮」には「毛」が生えており、それゆえ「毛《か》」（白毛などのカ）と呼ばれたのであろう。

次に「かのしし」の「鹿《か》」は、当時毛皮として利用価値が高かったから、「毛《か》」→「鹿《か》」という命名が起こったと考えられる。

同じく「蚊」も「皮膚」に食いつく動物なのである。

次に古い舟は木の皮や動物の皮でできていたためであろうか、舟を漕《こ》いだりカジを取るオ

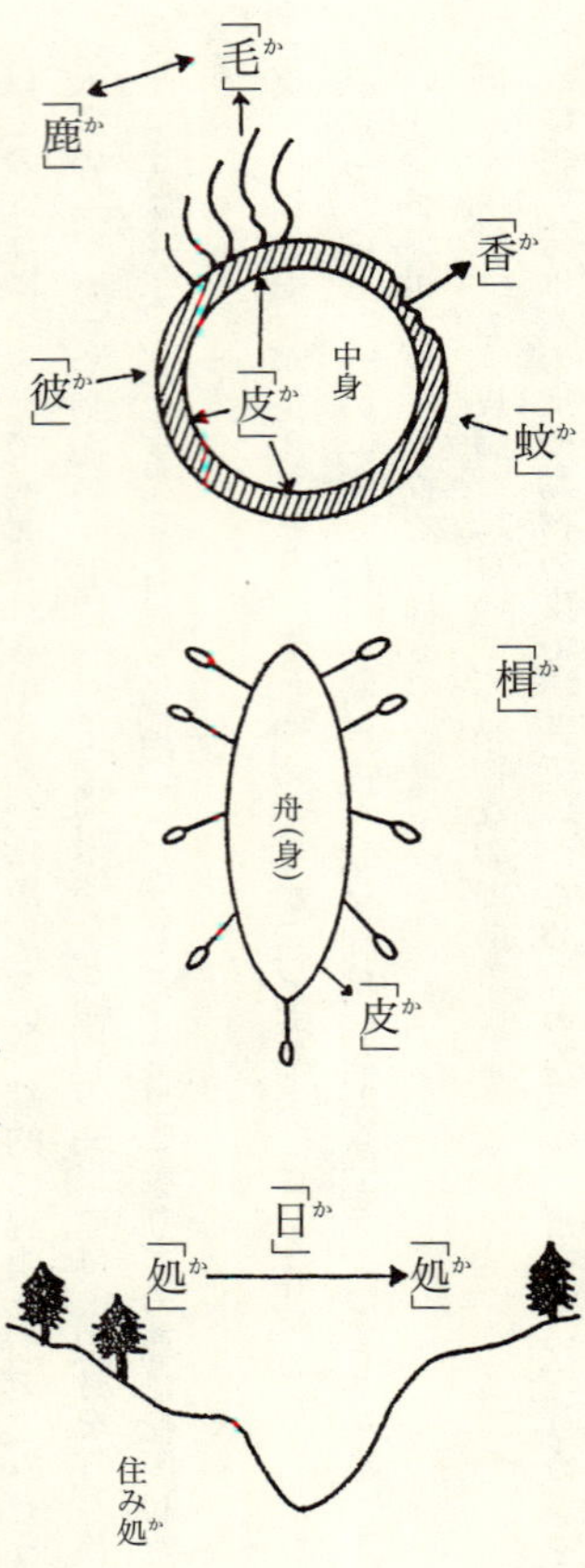

図１

ールなどの総称も「楫《か》」と呼ばれたのだろう。のちに「皮《か》・路《ぢ》」として安定している。

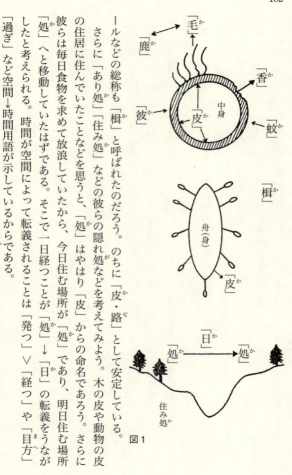

さらに「あり処《か》」「住み処《か》」などの彼らの隠れ処《が》などを考えてみよう。木の皮や動物の皮の住居に住んでいたことなどを思うと、「処《か》」はやはり「皮」からの命名であろう。さらに彼らは毎日食物を求めて放浪していたから、今日住む場所が「処《か》」であり、明日住む場所「処《か》」へと移動していたはずである。そこで一日経つことが「処《か》」↓「日《か》」の転義をうながしたと考えられる。時間が空間によって転義されることは「発つ」＞「経つ」や「目方《まへ》」「過ぎ」など空間↓時間用語が示しているからである。

最後に代名詞「コ、ソ、カ（ア）、ド」の「彼《か》」（あれ）が残っている。確かに「皮」の色や香りなどで、大方そのものの中身は予想できるものである。そこで彼らは外皮によって「あれ」とか「あの人」などの意を代用させたとも思われるのである。これが「彼《か》」の成立であろう。以上を図示すると、前ページのように記せるであろう。

このように先の「汗の消長」とともに「皮の消長」を記すにとどめるが、大方他の単音節名詞も、歯∨刃、歯∨葉および羽などの「歯」のばあいのように、私が抽出した語頭の意味から多数の単音節語が転義していたようである。それゆえ、これら語頭名詞を「原始名詞」と名づけてみると、古くこの中核的意味を持つ原始名詞の世界が浮かびあがってくると思う。そして先に第三章で眺めた語尾動詞（以下、原始動詞と呼ぶ）とともに、意味の世界を分けあっていた単音節語のみの「原始の時代」が想定されると思うのである。

次の第五章では、この原始語の探究が行われるはずである。さらに欲をいえば、「あいうえおの起源」にまで言及できるかもしれない。

第五章　コトバの起源

1——原始名詞の構造

音義五十音表

前章では「汗《あ》・涙《な》・尿《し》」「吹《ふ》・匂《に》」「皮《か》・身《む》」「口《く》・歯《は》」など二〇例の原始名詞を記述してきた。

そのほかにも新たに一七語が二音節動詞から抽出できたのであるが、その詳細については紙幅の関係で省略させていただく。ここでは確定できた、計三七語を五十音表に従って次ページに表示することから始めよう。

表1の五七音中、確定できたものが三七語であった。ただし、唾∨爪、妹∨芋の意である。確定できなかったものがあるのは、その音を語頭に持つ二音節動詞がないか、あっても三個以下のものは帰納を断念したためである。帰納法においては用例が数多くあるということが絶対条件だからである。

原始名詞の身体性

原始名詞をいくつかの意味のグループに分類してみよう。

「汗」(a)	「痛」(i)	「飢」(u)	「?」(e)	「親」(ö)
「皮」(ka)	「気」(ki) 「?」(kï)	「口」(ku)	「?」(ke) 「?」(kë)	「子」(ko) 「処」(kö)
「矢」(sa)	「尿」(si)	「巣」(su)	「?」(se)	「?」(so) 「?」(sö)
「手」(ta)	「?」(ti)	「唾」(tu) (爪)	「?」(te)	「戸」(to) 「鳥」(tö)
「涙」(na)	「匂」(ni)	「寝」(nu)	「根」(ne)	「?」(no) 「喉」(nö)
「歯」(fa)	「日」(fi) 「?」(fï)	「吹」(fu)	「?」(fe) 「?」(fë)	「頬」(fo)
「股」(ma)	「水」(mi) 「?」(mï)	「身」(mu)	「?」(me) 「?」(më)	「妹」(mo) (芋) 「?」(mö)

表1　音義五十音表

「霊」(ya)「命」(yi)「湯」(yu)「?」(ye)「?」(yo)
「指」(yö)
「輪」(wa)「?」(wi)「食」(wu)「笑」(we)「尾」(wo)

第一群――身体に関するもの(二四例)
「汗《あ》」「痛《い》」「飢《う》」「親《お》」「皮《か》」「気《き》」「口《く》」「子《こ》」「尿《し》」「手《た》」「唾《つ》」「涙《な》」「匂《に》」「根《ね》」「喉《の》」「歯《は》」「吹《ふ》」「頬《ほ》」「股《ま》」「身《む》」「妹《も》」(「命《い》」)「指《よ》」「笑《ゑ》」「尾《を》」。

以上、二四語(唾と妹を入れる)が身体名であった。この数は全体三七語中、実に六五パーセント弱にも達している。

それらの内訳は、

㋑――身体器官や部位
「皮《か》」「口《く》」「手《た》」(「爪《つ》」)「喉《の》」「歯《は》」「頬《ほ》」「股《ま》」「身《む》」「指《よ》」「尾《を》」の一一例。

㋺――感覚や心理など
「痛《い》」「飢《う》」「気《き》」「根《ね》」(「命《い》」)「笑《ゑ》」の六例。

㋩――人体から放出されるもの
「汗《あ》」「尿《し》」「唾《つ》」「涙《な》」「匂《に》」「吹《ふ》」の六例。

㋥――具体的な役割名

「親《お》」「子《こ》」「妹《も》」の三例。

などの順であり、ありとあらゆる身体名が原始名詞として採用されていたといえよう。このことから、原始名詞の身体優位性は確実にいえると思う。次に他の原始名詞も眺めておくことにしよう。

第二群――食物や捕獲する武器（六例）

「芋《も》」「食《う》」さらに「水《み》」「湯《ゆ》」など食物。武器「矢《さ》」（石器）「爪《つ》」（骨角器）。

第三群――生活空間や必需品（四例）

「処《こ》」（大地）「巣《す》」（住み処）「戸《と》」「寝《ぬ》」（皮製の夜具や衣服）。

第四群――呪術や宗教的なもの（五例）

「霊《や》」（悪霊）「命《い》」（精霊）「日《ひ》」（太陽）「鳥《と》」（とり）「輪《わ》」（集団の団結など）。

以上、確定した三七語のうち身体名が二四個であり、食物や武器（六例）、生活空間や必需品（四例）、呪術や宗教（五例）などに色分けできた。

このことは身体優位性とともに、すでに生活や宗教心などが彼らの生活のなかに入ってきていたことを示していよう。たとえば「悪霊と精霊」やトーテムとしての「鳥」、太陽信仰としての「日」などが出現しているからである。

列による意味構造

さらに原始名詞の意味構造の分析をすすめていこうと思う。そこで、ア列、イ列、ウ列などに特別な意味が並んでいるかどうか、などの列による意味構造を調べてみよう。

そこで、各列に従って並べてみると、表2のようになる。

ア列　汗(a)　皮(ka)　矢(sa)　手(ta)　涙(na)　歯(fa)　股(ma)　霊(ya)　輪(wa)……すべて確定

イ列　痛(i)　気(ki)　尿(si)　?(ti)　匂(ni)　日(fi)　水(mi)　命(yi)　?(wi)……二個不確定

ウ列　飢(u)　口(ku)　巣(su)　唾>爪(tu)　寝(nu)　吹(fu)　身(mu)　湯(yu)　食(wu)……すべて確定

甲類オ列　子(ko)　戸(to)　頬(fo)　妹>芋(mo)　尾(wo)……五個確定、ただしfoとwoは甲類相当

乙類オ列　親(ö)　処(kö)　鳥(tö)　喉(nö)　指(yö)……五個確定

甲類エ列　根(ne)　笑(we)……二個確定

乙類エ列および乙類イ列はすべて未確定

表2

さて、表2をまとめてみると、母音では「a」と「u」がすべて確定し、次に「i」がよく、「o」と「ö」がそれに次いでいた。「ï」「e」「ë」などは未確定が多く、検討に堪え

うるものではなかった。

国語学では「a」「i」「u」以外の母音「ï、e、ë、o、ö」などは、「a、i、u」の複合した母音、つまり複合母音といわれているものである。たとえば、uiまたはöi→ï、ia→e、ai→ë、ua→o、au→öなどとして成立したという[1]。このように複合母音は複雑であり、しかも前述のごとく確定数も貧弱なので本項では考察を省略して、純粋な母音「a、i、u」列についてのみ意味の構造を探ってみよう。それではもう一度、ア列、イ列、ウ列を並べてみることにする（表3）。

ア列	汗(a)	皮(ka)	矢(sa)	手(ta)	涙(na)	歯(fa)	股(ma)	霊(ya)	輪(wa)
イ列	痛(i)	気(ki)	尿(si)	?(ti)	匂(ni)	日(fi)	水(mi)	命(yi)	?(wi)
ウ列	飢(u)	口(ku)	巣(su)	唾>爪(tu)	寝(nu)	吹(fu)	身(mu)	湯(yu)	食(wu)

表3

表3のなかで、ア列ならア列に、イ列ならイ列になにか意味のグループが存在しているだろうか。しているとすれば、それは母音「a、i、u」の違いによる意味の構造のはずである。

さて、これらを概観していると、ウ列には現代人にとっても必要な衣食住などの本能欲求を示す語が多いことにまず気づかされるのである。まず衣食住の衣として「寝《ぬ》」（夜具）があり、食に関連するものとして「食《う》」「飢《う》」「口《く》」「唾《つ》」「湯《ゆ》」などが並んでいる。さらに住に関しては「巣《す》」（住み処）がある。残されたものは「身《む》」（身体の中身）と「吹《ふ》」（吐息）であるが、これらも、人体の内部の「身」や内部から外界に出ていく「吐息」など身体の中核的存在なのである。

さて、これら衣食住や身体の中核的存在、「身《む》」や「吹《ふ》」を持つ、ウ列の原始名詞群は仮に「本能欲求」群と呼んでさしつかえないのではなかろうか。

次にア列原始名詞群にすすんでみよう。

まず労働の「汗《あ》」や狩りをする「矢《さ》」（石器）、および労働をする「手《た》」、さらに食物を噛み砕く「歯《は》」などは、人びとが外界に食物を求めたりするときの労働や武器を示す語である。人びとの悲しみを象徴する「涙《な》」、団結を示す「輪《わ》」などは外界に対する苦労などをしのばせる語であり、人体から赤児を外界に産み出す「股《ま》」なども外界との接点での苦しみだったであろう。

次に人びとは堅果類や獲物の「皮」を剥いで食糧にしていたのであるから、「皮剥ぎ」は苦労の種だったにちがいない。この「皮剥ぎ」は人間の食欲本能をみたすときの、ひとつの障害物とも考えられる。最後に「悪霊」の意「霊《や》」があるが、悪霊もまた生きるという本能を邪魔する外界の脅威《きょうい》と映っていたであろう。

以上のように、ア列群は、人間の外界への挑戦「汗《あ》、矢《さ》、手《た》、歯《は》、輪《わ》」や苦労「涙《な》、股《ま》、皮《か》、霊《や》」など、外界との接点に存在する名詞群ということができよう。

最後にイ列名詞群を考察しよう。

まず人間の精気「命《い》」や「気《き》」があり、攻撃性「尿《し》」なども精神やスピリットを示す語であり、次に知覚を示す痛覚の「痛《い》」や嗅覚の「匂《に》」なども精神機能を示す語なのである。残されたものに「日《ひ》」と「水《み》」がある。これらは一見、人間の心の働きとか精神とは関係なさそうに見える。そこでアニミズムを思い起こすと、人間の精神の力は限られたものであり、「日」や「水」など外界の恵みなどの力を借りてこそ、人びとの生活は営まれると信じられていたのではないかと思われる。それゆえ人の心の働き「命《い》、気《き》、尿《し》、痛《い》、匂《に》」とともに、自然の恵み「日《ひ》、水《み》」などは人間と外界との交渉のときの「知」と「恵み」、すなわち「知恵」として映っていたのではなかろうか。

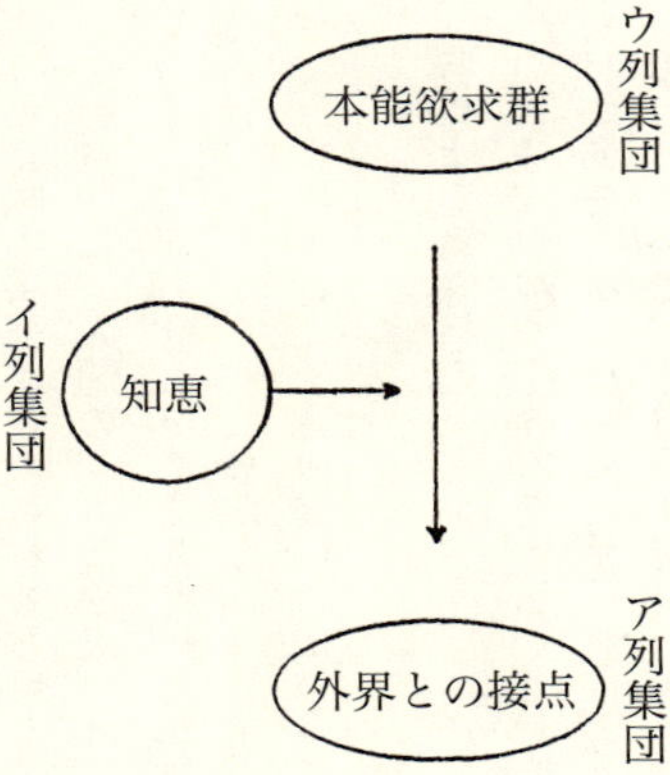

図1

さて、ウ列、ア列、イ列には大方、図1の

ような意味の系列が認められると思う。

この意味は、人間の「本能欲求」は、「知恵」に恵まれて、「外界との接点」で行われるというように単純化できると思う。このことは母音「u、i、a」の違いによって起こっているわけであるから、大まかな「u、i、a」の意味をあらわしているとも推定されよう。そこで、次に各行（子音の違い）について、さらに詳細に検討していくことになる。

行による意味構造

これまで列「ウ、イ、ア」という母音「u、i、a」の違いによる意味の構造を見てきたわけである。次に行「カ、サ、タ……」というように各行「k、s、t、……」などの子音の違いのなかで、その「u、i、a」はどのように意味として成り立っているかを見ていくことにしよう。しかもその行なら行に特有な意味の系列があるかどうかも確かめてみたい。

(1)――カ行「口《く》↓気《き》↓皮《か》」、原始動詞「く」（働きかける）

「口」は食物を食べる人間の口であり、精神力などの知恵が「気」とすると、「皮」は獲物や堅果類の皮であろう。これらの意味の系列と原始動詞「働きかける」とのあいだには次のような命題が成り立ちそうである。

「口」は「気」を使って「皮」に〝働きかける〟。

このことは当時の食物獲得や皮剝ぎの苦労をしのばせてくれる命題のようであるが、これらは、各行ではどのようになっているのであろうか。

(2)——サ行「巣《す》↓尿《し》↓矢《さ》」、原始動詞「す」（力を加える）

「巣」とは獲物などの巣のことで、「尿」とは攻撃性の意であった。「矢」とは石鏃《せきぞく》など石器の意だから、「巣」には攻撃性「尿」をもって「矢」が〝力を加える〟という命題も成立する。ここには獲物の巣などに人びとが石鏃などを射かけていた狩猟の情景が浮かぶ。

(3)——タ行「唾《つ》（爪）↓ti↓手《た》」、動詞「つ」（戦う　衝突する）

「唾」は「手」に吐きかけられ、〝戦う〟というイメージは万国共通の無意識的戦闘行為のようである。これが「唾↓（ti）↓手」と「つ」（戦う）の系列であろう。のちに「唾」は「爪」（骨角器など）に転義していた（角、爪などのツ）。

「爪」としても、骨角器などの武器は手に持たれて〝戦う〟という命題も成立するのがわかるであろう。これらのタ行音からは、敵や古い大形動物などとの闘争が連想される。のちに「ti」は「血」などと推定されたこともその傍証となろう。

(4)——ナ行「寝《ぬ》↓匂《に》↓涙《な》」、動詞「ぬ」（なくなる）

「寝」とは当時の皮製の夜具や衣類であった。「匂」とは「顔色や匂い」のことであった。

するると夜具は顔色や匂いを見ながら涙を〝なくする〟というほどの意で、寒い夜など、泣きわめく病人や子どもたちの顔色などをうかがいながら、夜具をかけてやる現代の母親の姿などが思い浮かぶのである。ナ行の意味は、このように寒い夜などの夜具の役割とでも記せるであろう。

(5)――ハ行「吹《ふ》↓日《ひ》↓歯《は》」、動詞「ふ」（交流する）

「吹」は吐息であり、「歯」は食物を噛み胃へと送りこむ。しかも呼吸するときは歯は閉じ、食物を食べるときは、鼻で息をするなど、「吹」の気管支と「歯」の食道とは交互的な運動なのである。これが「ふ」の交流するという意なのであろう。

そして、この「吹」し「歯」と共存する営みは「日」（太陽）が助けてくれるという信仰があったのではなかろうか。これは、「吹《ふ》の病―風邪《かぜ》」を太陽がなおしてくれたという「北風とお日さま」（『イソップ物語』）の話などが暗示してくれる。さらに筆者は、日本語の数詞「ひ・ふ・み・よ」は「日《ひ》、吹見《ふみ》よ」というように「吹の病」などへの祈願歌ではないかと考えている。[2]

このように、「吹《ふ》」が「日《ひ》」の力を借りて「歯《は》」とうまく〝交流する〟というのが、ハ行の深い意味であろう。

(6)――マ行「身《む》↓水《み》↓股《ま》」、動詞「む」（いっぱいになる）

「身《む》」とは「身ごもる」「身二つになる」といわれるなど、「胎児」の意である。そして「股《ま》」が女性器であるから、「水《み》」は「羊水」ということではなかろうか。すると、マ行は、「身」（胎児）は、「水」（羊水）の力を借りて、「股」（産道）から〝集中して出てくる〟などの出産時の情況ということになろう。

(7)――ヤ行「湯《ゆ》↓命《い》↓霊《や》」、動詞「ゆ」（変化する）

「湯」には、おさゆとかかゆなどの病人食や温泉の湯の意がある。「命《い》」は「精霊」で、「霊《や》」は「悪霊」であるから、ヤ行の意味には、「湯《ゆ》」は「命《い》」（精霊）の力を借りて「霊《や》」（悪霊）を〝変える〟という病の治療などが推定される。いまでも日本人は、「かゆ」を食べ「温泉」につかることが、「病の回復」につながることを疑わないのである。

(8)――ワ行「食《う》↓wi↓輪《わ》」、動詞「う」（保存する）

ここで「食物」は「wi」の力を借りて、「輪」（集団の団結）を〝保存する〟というほどの意となろう。のちに「wi」は「井」で、水汲み場などの意であった。確かに食物と飲料水は集団の輪にとって必需品である。現代の戦争や内部紛争などの原因の多くが、食糧不足などによって起こることを思えば、このことはうなずけるであろう。

(9)――ア行「飢《う》↓痛《い》↓汗《あ》」、動詞「得《う》」

もちろんア行には原始動詞は存在していないが、単音動詞「得」がたまたま存在しているので、それも考察に加えてみよう。

さて、ア行は母音であり、これまで見てきた子音群とは異なっている。ただし「u、i、a」そのもの、つまり「飢《う》、痛《い》、汗《あ》」には、意味の系列があるのだろうか。

これまでの命題を当てはめてみると、「飢え」は「痛み」を伴って「汗」（労働）を〝得る〟（得）も確かに成立するようである。空腹が獲物を得るエネルギーになるなどは、納得のいくことだからである。

原始名詞の構造

これまで原始名詞の音義五十音表をつくり、その意味のなかで、身体名の優位性が動かしがたいことをまず見てきた。さらに母音や子音による意味の構造があるかどうかを、各列と各行に従って検討してきたわけである。

すると、大まかに子音にかかわらず母音の違い「u、i、a」によって、「本能欲求」↓「知恵」↓「外界との接点」という意味の系列が見いだせた。そこで各行（子音の違い）によって詳細に調べると、それらは原始動詞とも関連して特別な意味内容を形成していることもわかった。マ行が出産のテーマとすれば、ナ行は夜泣きと夜具の役割などの意味群を形づくっているというぐあいである。

このことは、原始名詞が各列（母音の違い）と各行（子音の違い）によって確実に意味の構造を形づくっていたということであり、ソシュールの「音形と意味の恣意性」を打ち破るものであろう。

それでは、なぜこのように「音と意味」は連なり、原始名詞と原始動詞が共存するようなことになったのかという「コトバの起源」が、次にクローズアップされてくると思う。

2――コトバの身体起源論

まず前節で眺めてきた原始名詞と原始動詞を表にしてみることから論をすすめたい。

筆者は表4と同様のものをつくり、何日も考えつづけたことを思い出す。なぜ、ある音はある意味に結びつくのであろうか。そこで「プー」とか「ムッ」とか「ヌッ」「スー」などと発音を何回も繰り返しているうちに、次のような「身体音」との関連が見いだせたのである。

語尾動詞	語頭音 u→i→a	
「得」；食物を得る→	「飢」「痛」「汗」	a
く；働きかける→	「口」「気」「皮」	k
す；力を加える→	「巣」「尿」「矢」	s
つ；戦う――→	(「爪」)「唾」(「血」)「手」	t
ぬ；なくなる――→	「寝」「匂」「涙」	n
ふ；交流する――→	「吹」「日」「歯」	p
む；いっぱいになる→	「身」「水」「股」	m
ゆ；変化する――→	「湯」「命」「霊」	y
う；保存する――→	「食」(「井」)「輪」	w

表4　ただし「y」と「w」は半母音である

「p」の起源

最初に見つけたのは、この「p」音についてである。「プー」と息を吹き出すと、次に「スーッ」と吸いこまねばならない。原始動詞「p」の意味の〝交流する〟とは、この「呼吸の交互作用」のことではないかと考えたのである。しかも原始名詞「吹《ふ》」（p）は「吐息」であり、このことと符合するのであった。

この「息を吹きかける」ことが「交流する」という意となり、名詞化されて「吹《ふ》」（吐息）が造語されるなどの無意識的な「p」音の意味の系列は、「息を掛ける」と「花」や「眠れる王女」が目覚めるなど、昔話などで顕在化されることが多い。このように「吐息」は〝交流する〟という意を担ったのだろう。

「b」の起源

「ブー」と口唇をふるわせて発する「b」音では、息や唾が〝飛び散る〟ことがわかる。さらに屁なども「ブー」と出るが、これも〝飛び散る〟音なのである。原始動詞「b」（飛び散る）の起源はこのような発声時の印象によるのだろう。

「m」の起源

原始名詞「mu」は、「身」で身体の中身であり、動詞は「いっぱいになる」ことであった。そこで、「ムッ」とか「ムカツク」など腹にいっぱい食物が溜まったときの、自然に出てくる「m」音が思い出されるであろう。このような「m」音を発するときの、生理身体感覚が「いっぱいになる」という原始動詞の意をつくり、その名詞化が「身《む》」なのであろう。先に「身」は「胎児」の意でもあると述べたが、「胎児」を孕《はら》む、いわゆる「つわり」のときに「ムッ」とむかつくのは、やはり中身が増えるからにほかならず、遠いコトバの起源にまでさかのぼれるほどの、心身の反応だということがわかる。

このようにコトバの身体性は、人間の心の深い層で生きつづけているのである。

「t」の起源

原始名詞「tu」は「唾」であり、動詞は〝戦う〟であったから、「t」音の起源は、「唾をツッと吐きかける」などの行為と考えられる。唾を吐きかけることが、相手を軽蔑したり、闘争心〝戦い〟を示すことは洋の東西を問わず認められる身体言語である。これが「唾」と「つ」（戦う）の起源であろう。しかし「唾を吐く」ことがなぜ「戦い」の意をつくったのであろうか。

そこで思い出されるのが、「チューチュー」と乳を吸う赤児の授乳の音のことである。空腹を癒そうと必死に乳を吸う心理に、S・フロイトは「口愛期サディズム」を想定した。この「t」音こそ、「唾を吐く」ことや「戦い」の根底にある深い意味ではなかろうか。

「d」の起源

原始動詞「づ」は、「戦わない」などの恐怖やおそれの意であった。そこで思い当たる身体音には、「ドキドキ」とか「ドッキンドッキン」「ダッダッ」などと聞こえる心臓音があろう。とくに恐怖やおそれが強いときに心臓音は速く強く響くのである。この心臓音の「d」が「づ」の意「戦わない、おびえる」の意の起源であろう。

たとえば敵と向かいあったとき、敵が大勢いたりすると、心臓が高鳴り「ダッダッ」と聞こえたであろう。味方のリーダーなどがみずからもおそれて「ヅッ、ゾーッ」などと声で合図すると、みなは退却したりする意と受けとめたのではなかろうか。他のメンバーもみな、それぞれの心臓の高鳴りを聞いていたから、リーダーの発する「d」音は、「こわい」などの共通の意味として理解できただろうからである。このようにして「身体音」は意味を獲得していったと考えられるのである。

「n」の起源

「n」音は呼吸音「プー」と「スー」の停止音である。この呼吸停止「n」音が、「なくなる」という「死ぬ」などの原始動詞「ぬ」(なくなる)の意をつくったのであろう。そして

「死」と「眠り」は混同されていたから、単音節動詞「寝《ぬ》」へと発展したと考えられる。さらにこの「寝」などを通じ、夜具や衣服の「寝《ぬ》」が名詞化されたのであろう。「死」の概念は漢語「死」が入ってきてからである。わが国では「失《う》す」や「往《い》ぬ」「萎《し》ぬ」などと表現され、「死」そのものの意は古くは存在していない。さらに再生とか輪廻の思考のなかでも死は仮のものであった。

このようなことからも、「死」と「寝」は混同されやすかったと思われるのである。

「k」の起源

原始名詞「ku」は「口」であり、動詞は〝働きかける〟ことであった。ここで思い当たる身体や口腔の音は、「カリカリ、クックッ、コリコリ」などと物を食べるときの音のことである。このような「カリカリ」などの「k」音が意味づけされて、「食べる」↓「働きにいく」などの〝働きかける〟という原始動詞「く」を造語したのであろう。そして名詞は「口」そのものとなったと考えられる。

「g」の起源

原始動詞「gu」は〝働かない〟という意であった。

「k」が「食べる音」↓「働きかける」という系列であったから、〝食べる音ではない〟などの意で、「g」音を出す身体音はあるであろうか。確かにあるのであって、固形物でない飲料水を飲むときの「グーグー、グィー」がそれであろう。さらに空腹時の「グル」音など、「g」も確かに〝食べていない〟という「k」の食べる音「カリカリ」などと反対の意を持つのがわかるのである。

「s」の起源

「s」音や後出の「r」は幼児においてもずっと遅れて獲得される音という。筆者の子どもも「オサラ」のことは「オタラ」といい、「カサ」も「カタ」としばらく発音していたものである。

さて「s」音は「スーッ」という吸気の音であり、また「スッ」と速く息を吹き出すときに出る音でもある。これらの「スーッ」と息を吸うときには、吐息のときよりも力が入るし、吸うと胸腔はひろがり量が増える感じになるのがわかる。また「スッ」と息を出すときにも「力を加える」意があるのにも気づくであろう。これらが原始動詞「す」(力を加える量が増す)の意であろう。この息を吸いこむことがなぜ、「巣」の意に名詞化されたのであろうか。

そこで巣とは鳥や獣の巣だけではなく、彼らが一時的にとどまった洞穴なども「巣」と呼ばれていたのではないかと考えられる。定住跡が見られるのはすくなくとも縄文前期といわれているからである。(3) それゆえ息をスーッと吸いこみ胸腔がふくれるなどのイメージは、彼らが「スーッ」と巣のなかに食物などを入れこむことなどへと転義されたと考えられる。古く洞穴は「洞《くき》」（口が働く）と呼ばれるなど、やはり「口」のイメージで眺められたり、『アラビアン・ナイト』で「開けゴマ！」といって岩の扉が開くなどもやはり「口」なのである。

このように「口」に「スーッ」と入りこむなどが「巣」だったのだろう。「すふ」（吸ふ）「すする」（啜る）などの語がこのことを暗示してくれる。

「zの起源」

「s」音は主に呼吸の「吸気」と関連して意味づけられ、「力を加え」て息を吸いこむなどというものであった。原始動詞「z」は〝力を加えない〟という意味であったから、対応する身体音は何なのであろうか。そこで気づくのは、「z・z・z……」という寝いびきの音である。「寝」と「死」が混同されていたように、寝いびきのときは〝力を入れる〟必要はなく、自然に出る音として映ったのではなかろうか。これが「z」の〝力を加えない〟意の起源であろう。

「r」の起源

「r」音には身体音は見いだせない。それでは、原始動詞「る」の輪廻〝分離する〟や〝消褪する〟意はどこから出てきたのであろうか。これはいわゆる「ロレツがまわらない」とか「片言《かたこと》」の意からではないかと思われる。

小児の片言では「ラリルレロ」は発音が不明瞭で「d」音に聞こえる。しかししだいに正しい発音へと成長していくものである。これが輪廻のうちの「分離する」という意の起源ではなかろうか。さらに酔っぱらいや老人の「ロレツ」がまわらない「ラリルレロ」は聞きとりにくい。このような老化や泥酔の「r」が「消褪する」という他方の輪廻であろう。そして人間は子どもから老人へと、さらに老人は生まれ変わるとまた子どもへと輪廻するという意味で、同じ「r」音で表現されたと思われる。これが「r」の詳細であろう。

「y」と「w」

「y」と「w」は半母音といわれ、母音の結合「iu」や「uu」が起源のためか、身体音は見いだせなかった。このように母音は身体音とは関係せず、さらに古い時代の人類の最初の言語だったふしがある。そのことを眺めてみることにしよう。

「u、i、a」の誕生

前節の原始名詞の構造の項では、子音にかかわらず、母音（列の違い）によって「u、i、a」は、「本能欲求」→「知恵」→「外界の接点」などの大まかな意味を持っていたことを確かめた。さらに「u」「i」「a」は原始名詞となると、「飢《う》」「痛《い》」「汗《あ》」へと発展していた。

これらの「u、i、a」という母音は、「子音成立以前」に大まかな意味を持っていたであろうことが推定されるのである。なぜならば、子音にかかわらず、もともと「u、i、a」によって意味を持つという命題は、第三章の語尾音の分析のときと同じく、より古い共通の意味の存在を浮かびあがらせてくれるからである。

さらに泣き、笑い、驚きの声など人類共通の感嘆詞は、ほとんど母音であるなどの、古さを思わせる証拠もある。とくに「阿吽《あうん》の呼吸」などといわれ、「アー」といえば「ウー」と答えることで、すべての意思を通じあえるなど、「a」や「u」は広い意味が昔からあったといわねばなるまい。

さらにわが国の動詞の古い活用形は四段活用であったろうと推定されたこととと、この「u、i、a」は無関係ではなかろう。終止「u」連用「i」未然「a」と活用する四段活用は、古くは「u」が同意で、「a」が呼びかけなど、先の「アー」というと「ウー」と答えるなど「阿吽」と同じ起源なのかもしれない。

以上のようなことを眺めていくと、母音「u、i、a」こそ人類の最初の言語ということも可能であろう。しかしそれはたんなる身ぶり言語の進歩したものにすぎず、「呼びかけ」（a）と「同意」（u）と「完了」などの「i」というように、応答言語ではあっても、「コトバ」とはなおまだいえないものであったろう。

それゆえ筆者は「コトバの起源」としては、やはり「身体音に意味づけ」を行った「子音言語の時代」からだと考えるべきだと思っている。

コトバの身体起源性

ここまで、おのおのの子音の意味の起源は、口腔や身体で発する音の生理―心理的意味づけによることを眺めてきた（表5）。ところが、母音は身体音とは関連していなかった。しかし「アー」と発音するときの口を大きく開けるなどには、やはり「外界への呼びかけ」のニュアンスは見逃せないし、「ウー」はやはり「内部」に向かう音なのである。このように、母音といえどもその身体性はまぬがれないといえよう。

このように「コトバ」は身体や身体音から発していたのである。それゆえ、原始名詞にしろ二音節動詞にしろ、さらに第二章の、「太古的身体、コトバ、外界」にしろ、身体名が外界へと投影されることになったのだろう。人びとはおのれの身体に命名し、「類似」や「連続」の原理に従って外界の意味を把握しようと投影していったと考えられるのである。このことは、幼児が「コトバ」を覚えるに従ってしだいに外界の意味を摑んでいくことと似てい

	身体音	原始動詞	u原始名詞
p	プーという吐息	交流する	吹（吐息）
b	息を飛び散らす	飛び散る	
m	ムッとする音	いっぱいになる	身
t	唾を吐く音	戦う	唾
d	心臓音	戦わない	
n	呼吸停止音	なくなる	寝（夜具）
k	カリカリ食べる音	働きかける	口
g	飲む音　グル音	働かない	
s	スーッという吸気	力を加える	巣
z	寝いびき	力を加えない	
r	片言 ロレツがまわらない	分離する 消褪する	

表5　子音と身体音（ただし，流音と濁音は，原始名詞をつくらない。さらにyuとwuは「iu」「uu」という半母音である）

る。人間の心はこのように、「個体の心の発達は、系統の心の発達」の繰り返しであり、それは「コトバ」を抜きにしては考えられないことなのであった。

3——日本語と人類の言語史

母音から二音節動詞の時代へ

さてこれまで日本語、とくに二音節動詞を意味論的方法によって分析していくと、単音節語つまり原始動詞と原始名詞の時代が想定できたのである。そしてさらに遠くには「u、i、a」などの母音言語の時代がかすかに浮かびあがってくるのであった。

これらを歴史的に並べ返してみると、まず「母音の時代」、次に身体音に根ざした「原始動詞の時代」、さらに「原始名詞の時代」、そして最後に原始名詞と原始動詞を組みあわせた二音節動詞の時代が到来したと考えるべきであろう。

これらの言語史は実際の人類史とどのようにかかわっていたのであろうか。つまり日本語は人類の言語史のいかなる流れをくむものなのであろうか。それにはまず、日本語は縄文時代から次々に外来語の侵襲を受けた混合言語であるという比較言語学者らの説は否定し去っていただくことから始めねばならない。もし混合言語ならば、私が行ってきた「日本語の分析」はかならずいきづまり、ここまで完成するはずがないからである。

さてここまで眺めて、大陸や日本列島のことに目を転じてみよう。

一万七〇〇〇年前の日本列島

日本列島は一万七〇〇〇年ほど前に大陸から孤立したのであって、それまでは陸橋によって往来可能だった時期もあるのである。[3] さて考古学者たちは、ネアンデルタール人やクロマニヨン人に比定できるような人骨（明石原人、牛川人、三ヵ日人など）をこの列島でも発掘しつつある。

縄文早期（一万二〇〇〇〜八〇〇〇年前）には、列島の人口は二万二〇〇〇人はあっただろうと遺跡の数から推定した研究もあるという。[4] この早期縄文人は先の日本旧石器人と人種的にはつながりを持っているという鈴木尚氏の説は有名である。[5]

しかも日本列島が孤立したときの原日本語は大陸のある言語から切り離され、それ以後大陸からの舟による渡来があるまでは孤立していたにちがいない。それでは一万七〇〇〇年前はどのような言語だったのであろうか。考古学的資料では日本の縄文草創期（一万二〇〇〇年前）の土器が世界最古であることまではわかってきたが、他の文化や生活を知る資料は乏しく、次なる研究を待たねばならない。しかし鹿児島県上場《うわば》遺跡出土の大形動物狩猟用の投げ弾《だま》（二万〜一万五〇〇〇年前）や愛媛県上黒岩岩陰遺跡出土の線刻礫《せんこくれき》（一万二〇〇〇年前）には女性裸像が刻まれていたのであり、クロマニヨン人の古い多産祈願のヴィーナス小像の流れを汲むものといわれている。

クロマニヨン人の言語

このヨーロッパやアジア大陸に広く分布する多産を示すヴィーナス像は、豊猟祈願の洞窟芸術とともに人びとの願望のシンボル化だといえよう。この思考のシンボル化には、当然コトバの名詞化が不可欠であったと推定されるのである。

それゆえ、これらの芸術の創造者クロマニヨン人はすでに名詞を所有していたと考えられるのではなかろうか。アジア大陸から分かれた原日本語でいえば、最初の名詞は原始名詞などということになろう。

ただし第一章3節で述べたように、原始動詞からの名詞化は印欧語と日本語では、「papa」のばあい、印欧語で「父《パパ》」、わが国で「ハハ」（母）であり、「mama」のばあい、印欧語で「母」や「乳房」（mammae）、日本語で「マンマ　ウマウマ」など「食物」の意であったなど、文化や風土によりおのおの言語圏ではすでに名詞化の意味は異なっていたことは銘記しておかねばならない。このように見てくると、世界にさまざまな語族が存在する理由が理解しやすくなると思う。

ここまでクロマニヨン人と名詞化の問題を考察してみたが、さらに人類の言語史をさかのぼってみよう。

人類の言語史

今西錦司氏らの著書(6)から人類の進化と脳の重量を参照することにしよう。なぜならコトバや知能の発達と脳の重さとは並行性があるといわれているからである。

類人猿の脳の重量は五〇〇ccくらいで、二〇〇万年前のオーストラロピテクスと大差はない。ピテカントロプス（北京原人、五〇万年前）で増大し八七〇ccとなる。問題なのがネアンデルタール人（旧人、一〇万〜四万年前）についてである。彼らはすでに一四〇〇ccの脳を持っていたのである。クロマニヨン人（新人、四万年前以降）の脳が一五〇〇ccであるから、そうひけを取らない重さなのである。

ネアンデルタール人の言語

さて、私たちは四万年前以降のクロマニヨン人たちが、すでに名詞を使用していたらしいことを、彼らのヴィーナス小像や洞窟芸術など呪術的なシンボル化の存在から推定してきている。それでは、脳の重さではそう変わらないネアンデルタール人たちはどのような言語を持っていたのであろうか。

八万年前頃から始まるムスチェ文化期から「埋葬儀礼」が認められるといい、赤や黒の顔料が使用され、「クマの骨がぎっしり詰まった石棺」などが見つかってくる。これらも多少の抽象思考のはじまりといえなくもないであろう。しかし、「死」や「埋葬」は原始動詞「ぬ」（なくなる）で充分意味づけられうるし、「クマの石棺」でも「む」（充満、いっぱいになる）で意味は通じたと思われるのである。これらの遺跡からはなおまだはっきりとした名詞の存在は認められないといったほうが妥当であろう。

このように見てくると、ネアンデルタール人こそ名詞以前の原始動詞の世界の住人ではなかったかと考えられる。つまりネアンデルタール人こそ、身体音から子音の意味を抽出し、共通したコトバの起源を発見した人類なのであろう。それは脳の重量が一四〇〇ccと急激に増加していることなどが示唆してくれる。

さらにこの動詞言語は人体という世界各国共通な基盤のうえに成立しているため、第一章3節で見た田桐氏らの実験のように、印欧系の人びとの「t」「d」や「m」「n」に対する外部や内部というイメージが、そのまま日本人にも当てはまるという結果が示すように、音に対する象徴感情の普遍性は、この身体の共通性に由来していると考えられるのである。

さらに古く母音のみの言語が存在していたであろう。

原人の言語

「アー」といえば「ウー」と答える「阿吽の呼吸」のごとき、言語以前のコミュニケーションはさらに世界共通語といえよう。これが北京原人で有名な「原人の言語」ではなかろうか。

母音は新生児が「オギャーア」と泣く、泣き声の音であり、喜怒哀楽などの感嘆詞、笑い声、驚き、怒り、泣き声なども世界に共通して大方母音であり、これらはまた万国共通語ともいえるのである。北京原人はすでに火を使用し、集団での狩りや採集も行っていたらしい。そこにはなんらかの身ぶり以上の音声記号が存在していたとしても不思議ではないからである。これらが「アーウー」など、母音言語ではなかったかと推定されるのである。

まとめ

以上をまとめて、さらに二音節動詞のことや一万七〇〇〇年前の列島のことを考えてみよう。

母音言語……北京原人

原始動詞……ネアンデルタール人

原始名詞……クロマニヨン人

とすると、二音節動詞は新石器（縄文）時代の産物ではないかと推定される。このことは、われわれの祖先が大陸から孤立した一万七〇〇〇年前には、すでに原始動詞も原始名詞も使用されていたということであり、縄文草創期頃にはじめて二音節動詞がわが国独自で考案されたと考えるべきであろう。それ以降は単音節語を残しながら多音節語をつくりあげていったと考えてさしつかえないのではあるまいか。

このことは比較言語学者のいうような日本語混合成立説とは逆の、一万七〇〇〇年前の人類の言語を引き継いでいるのが——日本語であるという新たなる説を提示することになる。

日本語は古いがゆえに、とかくいわれているように近隣さらに遠く南洋やタミル語などと共通する何ものかを内包しているのであろう。

日本語の子音母音と続く「CVCV……」という形式が世界各国の幼児の一語文「papa」「mama」などと符合していたり、最近の角田忠信氏[7]の『日本人の脳』の実験のごとく、日本語は「孤立語」だということがしだいに明らかにされつつある。いったい縄文早期、すでに二万二〇〇〇人も列島に人びとが定着しているところに何人の渡来者が丸木舟（縄文前期が最古）でたどりつきえただろうか。もしたどりつきえたとして、日本語を変えてしまうほどの大勢力が一時に来ることは不可能に近かっただろう。

弥生や古墳時代に渡来者が日本列島を征服したという説がある。しかし彼らは日本語までも征服できたのであろうか。騎馬民族征服説の江上波夫氏[8]にしても、騎馬民族が九州北部に上陸しえたとして一〇〇名足らずであり、日本人妻とのあいだにできた子孫たちが何代もかかって地域を統一し、大和地方へと攻めのぼったのだろうと推定されているほどである。言語はやはり日本語に同化されていったと考えるほうが自然であろう。

確かに日本語は漢語以降外来語を数多く受け入れてはいる。しかし「愛」を受け入れても、名詞として受け入れるのであって、「愛す」というように動詞化するときには、語尾「す」をつけて日本語化してしまう。いまでも英語の「play」や「enjoy」を「プレイする」「エンジョイする」というぐあいに名詞化してしまうのと同じである。これらのことは日本語の動詞の構造に外来語を寄せつけないほどの独自なものがある証拠であろう。日本語はこのように古い歴史と伝統を持つものと考えられる。

さらに古さの証拠として、柳田国男が鮮やかに示した「古いコトバほど中心から離れた辺境に残る」という「周圏論[9]」をかかげておこう。大陸から見れば、日本列島こそまさに周圏であり辺境なのである。途中で大陸から孤立したのであるからなおさら、「周圏論」は当てはまるはずである。このように辺境にある日本列島だからこそ、大陸の言語のある古い流れを受け継いでいるといえるのではなかろうか。

ちなみに、なぜ大陸などの中心部に古い言語が残らないかというと、中心部こそ民族の衝突や興亡がはげしいのであって、言語はむしろ混合や衝突を繰り返しながら変化するものなのである。以上が、辺境の日本語は一万七〇〇〇年前から多分大型船が渡来するまで「孤立語」であったと考えられる所以である。

第六章　「コトバと心」の発達

心の個体史

さて、本章では幼児の心の発達や精神の病の起源をコトバの側面から探究しなおしてみようと思う。すでに筆者は第一章において単純に精神科の臨床医として、さらに一介の父親として患者や子どもたちのコトバの問題に疑問を持ちはじめたことを述べている。そのことは繰り返さないが、もう一度謙虚に医師としてのおのれに立ち返ってみよう。

身体医学はすでに、「個体発生は系統発生の繰り返しである」ことを見いだしている。このことを平易にいえば、母胎のなかで胎児がはぐくまれ産まれ出てくるまでの身体的発達は、地球に生物が誕生し、魚類から哺乳類さらに人類へと発達した系統的な発達の繰り返しなのだということである。

これは人類誕生の身体的側面といえよう。

次に筆者が、心の医者としての精神科医に立ち戻ると、人類誕生以降の「コトバや心」の発達は、幼児においてどのように獲得されるのかという、心の個体史というものに興味を持たざるをえないのである。

そこで、仮に「個体の心の発達は系統（人類）のそれの繰り返しではないか」という、魅力ある仮説を立ててみることにしようと思う。

この仮説を念頭に置きながら、幼児のコトバの獲得さらに脳の発達、最後に乳幼児期に原因があるといわれる統合失調症について、逐次述べてみることにしよう。

1――幼児のコトバの獲得

それでは、幼児のコトバの獲得を概観することから始めてみよう。

幼児の言語獲得については、「言語準備期」（一歳前後まで）、「一語文期」（一歳～一・八歳まで）、さらに「二語文期以降」（二歳以降）に分けて考えることが普通行われる。これらを大まかに喃語《なんご》期ともいわれる言語準備期から説明してみることにしよう。

言語準備期（〇～一歳）

この時期をさらに細分して吉沢氏[1]は一〇段階に分けたり、村田氏[2]のように「叫喚音」と「非叫喚音」の二つの時期に区別する学者もいる。

ここでは、平井昌夫氏[3]の述べておられる五つの時期に分けて記載してみよう。

(1)「分化していない泣き声」（〇～一ヵ月）

不快（痛み、空腹、渇き、暑さ寒さなど）に対して反射的に泣き声をあげる。どれもみな同じ泣き声であり、母親は区別できない。

(2)「泣き声に意味が伴う」（二ヵ月以降）

原因（空腹や痛み）によって泣き方も違ってくる。母親もそれを聞き分けるようになる。

(3)「喃語のはじまり」（三〜四ヵ月以降）

自分に聞こえるコトバや音を真似ていろいろの音を出すように見える。それには特定の意味は含まれていない。

(4)「同じ音を繰り返す」（六ヵ月頃）

喃語の時期に獲得した音のうち、自分の耳に気持ちよく響いたものを繰り返し発音する。自分で出した音を自分で楽しんでいる。

(5)「発音の人真似」（九〜一〇ヵ月）

大人の音声を真似て、実際に発音する。

ここを過ぎて、次の一語文（意味あるコトバ）を自発的に発話するようになるという。

以上が新生児から誕生期頃までの「喃語期」といわれる時期である。この喃語期に幼児が試みた音声については、のちの談話へと引き継がれるという「音素レパートリー連続説」と、たんなる反射的なものという「不連続説」などの意見が対立している。[2] さらに「連続説」を取る人びとでも、喃語に「意味」があるかという点になると否定的な人たちばかりである。つまり喃語は音の訓練であり、「遊び」であるという見方をしているのである。のちに筆者はこのことに反論することになるが、ここではこれくらいにして次の一語文期にすすんでいこう。

一語文期（一歳〜一・八歳まで）

一語文とは、幼児が誕生期頃に発声する最初の意味あるコトバのことである。つまり最初に発する「papa」や「mama」のことであり、このことは、すでに第一章3節の幼児の言語獲得の項でかなりくわしく述べたが、読者にはもう一度それを思い起こしていただきたい。

一語文で重要なことは、意味がはじめは動詞的であるということ、しかも世界各国音が獲得される順序は同じであるということなどであった。

この発声序列「p、b、m」「t、d、n」「k、g、ŋ」についてのR・ヤコブソンの学説はすでに述べているとおりである（第三章図1、または本章後出図1参照）。さらに母音についていうと、母音は偶然にも日本語の「アイウエオ」の順に獲得されるというものである。

それらの実際の状況を、E・オクサール(4)の記述からまとめてみると、

(1) 子音における対立が、まず唇音（p）と鼻音（m）のあいだで起こる。これを「papa」—「mama」対立と記してみよう。

次に唇音（pやm）と歯音（tやn）のあいだであらわれる。「papa」—「tata」対立、「mama」—「nana」対立。

(2) 母音の対立は〔a〕と〔i〕から起こる。「papa」—「pipi」など。

次に〔u〕と〔a〕が対立し、〔e〕や〔o〕は遅れるという。

しかしヤコブソンもまた一語文の意味内容についてはふれなかった。口腔の物理的な、または音声学的な順序に従って「p、b、m」……というように音が出てくるのだと主張したのである。

このことに対する反論ものちに述べることになろう。

二語文期以降（二歳以降）

さまざまな意味を担っている一語文は、一歳半頃になると分化して、話す対象となる「もの」（名詞）と、その「もの」の状態や動作、あるいは自分の要求や気持ちを述べる述語（動詞や形容詞）の二部分に分かれてくるという。(5) つまり幼児の表現が二語であらわされるようになったものを二語文という。たとえば「ブー」一語ではなく、「ブー　ノンノ」（ブーに乗るの！）と二語で表現するようになるのである。

ここで興味があることは、やはり大久保愛氏⑤の用例に従うと、

「オンマ（ガ）アルノ」（馬がある）など主述の関係

「アメ（ヲ）トッテ」（飴取って）など目的語＋述語の関係

など、日本語の、主語または目的語＋動詞という文法形式がすでに存在するということである。

このことで思い出すのは、二音節動詞の自動詞と他動詞のことであるが、ここでは深入りしない。

この時期を過ぎると多語文や接続詞が使えるようになるのである。

2──脳の発達

幼児の脳の発達

次に幼児の脳の発達を眺めてみることにしよう。

E・H・レネバーグ⑥によると、新生児の脳の重量は三〇〇グラムくらいであり、一年で九〇〇グラムとなり、二年で一〇〇〇～一一〇〇グラムにいたっている。このことをまとめてみると、出生後二年間で三五〇パーセントの増加を見るが、その後の一〇年間では三五パーセントしか増加を見ないのである。そして一四歳までに成人量に達するという。

さらに脳の構造を顕微鏡的に眺めてみると、人間の脳細胞そのものは生まれつき数は増加しないのであるが、軸索や樹状突起が急速に発達し、脳は網目状に互いのニューロンが結合されていくという。

さらにレネバーグ(6)は、De Crinis（一九三四年）の説を紹介して、樹状突起の網目が完成する皮質部位には時期的な差があり、第一は視覚および聴覚の第一投射領および感覚運動ローランド溝《こう》であり、次いで二歳前後に、いわゆる連合野の大部分とブローカ領が、そして最後に前頭葉の一部と頭頂葉の中部がこの成熟状態にいたるという。しかも樹状突起発生の最終段階は三歳末以前に到来するというのである。

以上をまとめてみると、幼児の脳は、重量において二歳までに急速に発達し、構造においては三歳までに完成を見るということである。

このことは、われわれに「三つ児の魂百まで」という諺《ことわざ》を思い起こさせてくれる。さらにのちに述べる精神分析学派の諸理論においても、三歳までの発達史が子どもの性格や病の原因になるという主張がなされているが、そのこととこの脳の成熟度とは符合しているといえるだろう。

3——人類の言語史と幼児のコトバ

前節では幼児の脳の構造と重量の発達の対応を眺めてきたわけである。もしここに、人類のおのおのの発達段階の脳がそれぞれ保存されているならば、私たちは顕微鏡的にその組織を調べて、幼児のそれと比較することが可能であろう。だがいかにせん人類の各発達段階の脳を手にすることは不可能である。

そこで、私たちがすでに知っている「人類のコトバと脳の発達」のことを思い起こしてみることから始めよう。

人類のコトバの発達

まず、前章で見てきた人類の言語史と脳のことをまとめてみることにしよう。

〈人類史と脳量〉　〈言語史〉

(1)　類人猿（五〇〇cc）……………？
(2)　原人（八七〇cc）……………母音言語
(3)　旧人（一四〇〇cc）……………原始動詞
(4)　新人（一五〇〇cc）……………原始名詞

(5)　縄文人～現代人…………………二音節動詞など

以上が人類の言語史と脳の重量の発達史である。次に幼児のコトバの発達と脳の重量の増加を再度眺め返してみよう。

幼児のコトバの発達

すでに第1節でくわしく幼児の言語獲得を眺めているが、もう一度それを脳重量との関係でまとめてみよう。

(1)　新生児（三〇〇グラム）……叫喚のみ
(2)　三ヵ月（五〇〇グラム）……喃語のはじまり
(3)　六ヵ月（七〇〇グラム）……喃語を楽しむ
(4)　九ヵ月（八〇〇グラム）……外界音を真似る
(5)　一年（九〇〇グラム）………一語文
(6)　二年（一〇五〇グラム）……二語文

さてここまで材料が揃うと、私たちが人類のコトバの発達史と幼児の言語獲得とを対比してみたくなるのは人情というものであろう。

言語獲得の系統発生性

さて、「幼児の言語獲得は人類のそれの繰り返しではないか」という系統発生論の検討に移ることになる。

そこで、幼児が最初に意味として大人に話しかける「一語文」から手をつけることにしよう。なぜならば、意味以前の「喃語」などはあまりにも無意識的であり、私たちの意識には意味としてなかなかのぼりにくいからである。

「一語文」の検討

一語文とは先に見たように幼児のほうから自発的に発する最初の一語のことである。しかも奇妙なことに、世界各国の幼児がきまって同じ音から発音しはじめ、次々に獲得している音の序列までも決まっているのであった。その理由はR・ヤコブソンがいうように、音声学の知験だけで納得してしまっていいものだろうか。

このことへの疑問から筆者が第三章で詳述したように、それは音声学的対立に加えて、より根元的には意味対立に根ざすもののようであった。ここでは、その結論だけをふたたび図示して多少説明を加えてみよう。

㈠　R・ヤコブソンの音獲得順序

ただし、母音はａｉｕｅｏの順、それゆえ「papa」⇅「mama」対立などが最初に起こる。

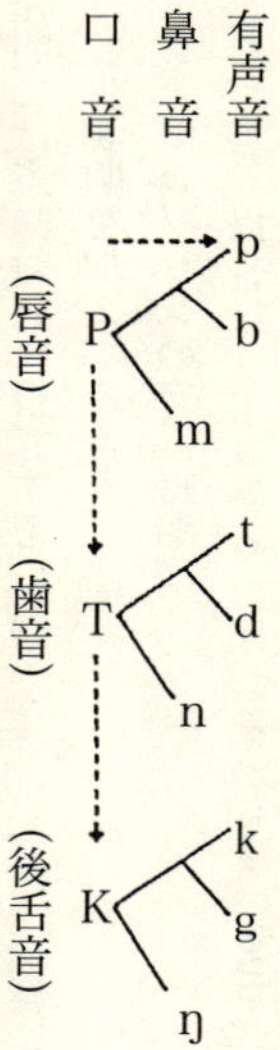

図1

㈡　二音節動詞語尾（原始動詞）の意味対立

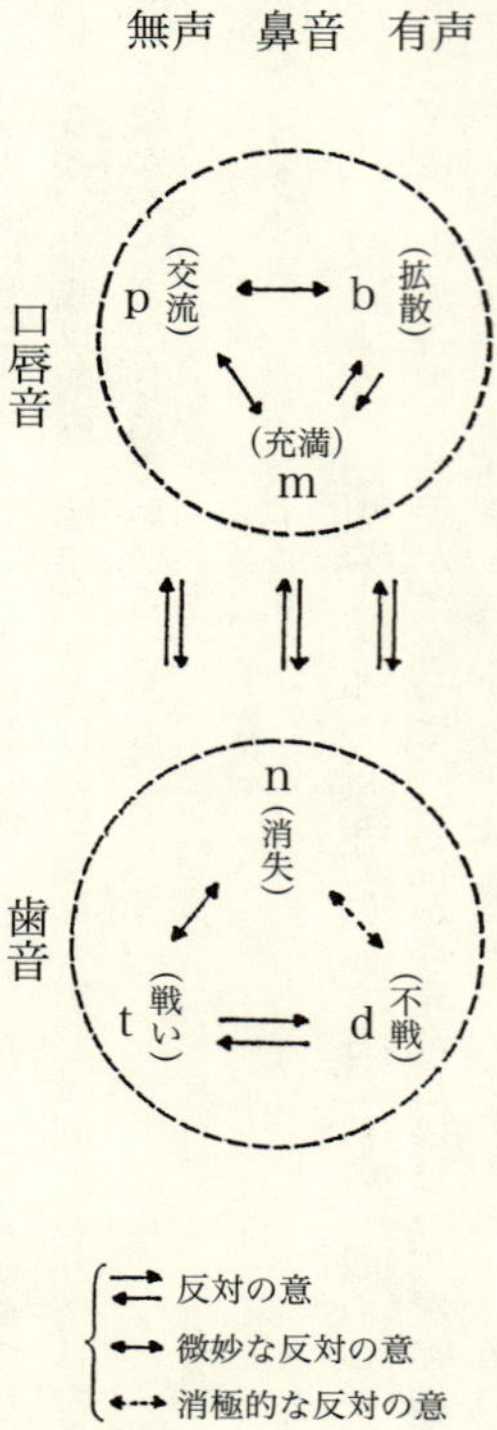

図2

㈠のごとく一語文が順序正しく獲得されるのは、㈡のごとく根元的意味対立によって幼児が音の対立を獲得していくためのようであった。

そこで具体的に幼児の一語文を取り上げて説明してみようと思う。

(イ)　「papa」—「mama」対立

「p」音は〝交流する〟意であり、「m」音は〝いっぱいになる〟意であった。ここで〝交流〟とは二者間のからみあいであり、〝充満や集中〟とは一方的な内部への取りこみなのである。それゆえ㈡に示したように、微妙な反対の意があるということができよう。

さて、「papa」は古い日本語の「母」の発音であり、「mama」は「マンマ」など幼児語では「食べ物」の意である。しかし一語文は最初は動詞的に使用されるのを知っているから、「pa」とは〝交流しよう！　遊んで！〟（母音aは呼びかけの意）などの意であったろう。日本語ではそれが名詞化されて「母」の意に選ばれたと考えられる。欧米語では「papa」は「父」の意に名詞化されているのである。

次に「ma」音ならば〝いっぱいにして〟など「充満を求める」意になるから、本来〝食べ物がほしい〟というほどの意であろう。日本語では「マンマ」「ウマウマ」などはそのまま〝食べ物がほしい〟という意となり、名詞化されても「食べ物」の意をあらわす。欧米語では「ma」は「mama」（母）とか「mammae」（乳房）の意に選ばれているのである。これは〝食べ物がほしい〟という「ma」音をそのまま、求める相手「母」や「乳房」の意と受けとめたからであろう。

以上のように「papa」—「mama」対立は、本来根元的な〝交流して！〟とか〝食べ物がほしい〟というほどの原始動詞の意そのままに、幼児は一語文として使用するのであるが、異なった各国語や幼児語となって残っているのは親側のつくった名詞化のためなのであろう。

(ロ)「papa」—「tata」対立

「papa」は〝交流しよう〟の意から古く「母」の意に用いられていた。「ta」は〝戦おう〟など闘争の意であったろう。わが国では「チチ」（父）や「トト」（父）など、母音を変えて父の意として残っている。さらに「t」音は授乳のときの「チューチュー」という音からか「チチ」（乳）の意にも用いられているのであるが、これは擬音の名詞化であり、ワンワン↓犬の名詞化などと同じものであろう。

いずれにしろわが国では、「papa」—「tata」対立などは「母—父」などの名詞群として残っていると考えられる。

(ハ)「mama」—「nana」対立

わが国では「mama」はそのまま〝食べ物がほしい〟意である。「n」音は〝なくなる〟意であるから、「マンマ」といって求められたとき、母が「ナイナイ」といって食べ物を断るなどの幼児語に「mama」—「nana」対立が残っていよう。

この「n」音については、「no, nein, nicht」など、世界各国共通して否定の意がもたされていることは第一章で述べたとおりである。

㈡　「papa」―「pipi」対立

次に幼児は母音の対立を自覚しはじめ、「a」と「i」、次に「a」と「u」などを区別するという。ちなみに「papa」―「pipi」対立を眺めてみると、古くは「母」と「日」や「火」（乙類ヒ音）の対立ということになろう。わが国ではアマテラス（天照）や卑弥呼《ひみこ》（日見子の説あり）など、女性が太陽と関連づけられていたのである。そこで、「母」と多少区別して「pi」で「日」の意に用いたと考えられるのである。「火」（pï）は「fire」や「feuer」などと同じく、「プープー」と吹いて火を起こしていた擬音からという説がある。

以上のように幼児の一語文「papa」―「mama」などの意味に、原始動詞の意味を当てはめてみるとひじょうによく当てはまるし、さらに古い日本語や欧米の幼児語とも符合する点が多かったといえるだろう。もちろん筆者は世界の幼児語についてくわしく比較する知識を持ちあわせているわけではない。しかし一語文と幼児語についてのチョムスキー学派などの流れをくむ心理言語学者などの研究の成果をふまえてみるならば、本稿で述べたようなことは大方いいうるのではないかと考えられる。

さて本題に入ろう。

一語文は実に筆者が求めてきた「原始動詞」の意そのままであった。そしてしだいにその民族や文化の違いによって名詞化が行われていることを見てきた。この時期を言語史的に眺めると、ネアンデルタール人の原始動詞からクロマニヨン人による原始名詞化の時代に符合しているようである。このことは旧人の脳容量（一四〇〇cc）から新人の容量（一五〇〇cc）への増量と、幼児の一歳（九〇〇グラム）から二歳（一〇五〇グラム）への増加と、おのおのの量においても増加率においても符合しているなどが傍証となる。

この事実を確かめるためにさらに二語文の問題にすすんでみようと思う。

「二語文」の検討

二語文は一歳半頃から使われはじめ、最終的には、先に述べた「オンマ（ガ）アルノ」（主述の関係）や、「アメ（ヲ）トッテ」（目的語＋述語の関係）などとして完成するのである。

しかし一語文から二語文への過程は日本語のばあい、次のようなプロセスを通ることを大久保氏[5]は観察している。

(1) 一語を重ねるいい方――「ニャンニャ　ニャンニャ」。
(2) 述語の部分に終助詞「ノ」「ヨ」をつける――「ホチイノ」「イヤヨ」。
(3) 「してくれ」の意味で「〜て」をつけて要求をあらわす――「トッテ」（取ってちょう

だい)「ダッコッテ」(だっこして)。

(4)　呼びかけのコトバが一語の上につく――「ママ!　ブーブー」など。

このようなプロセスを通って二語文へとすすむのであるが、たとえば「イクノ」(行くの)を使いはじめると、「ブーワン　イクノ」(ブランコに行きたい)とか、「オネエチャンイクノ」(お姉ちゃん連れて行って!)などと、「イクノ」の用法をひろげていくという。

さらに「アメ　ホチイノ」など「ホチイノ」を使いはじめると、今度は「ブーワン　イクノ」から「ブーワン　ホチイノ」(ブランコに乗りに行きたい)と使ったり、「オネエチャンイクノ」は「オネエチャン　ホチイノ」(お姉ちゃんのところに行きたい)として用いられたという。

このように「イクノ」や「ホチイノ」という述語が獲得されると、さまざまな名詞、たとえば「飴、ブランコ、お姉ちゃん」などに応用され、ひとつの文法が定着するもののようである。

そして日本語のばあい、最終的に日本語の文法「主語+目的語+述語(S+O+V)」にかなったものとして、「オンマ(ガ)アルノ」(主述、S+V)や、「アメ(ヲ)トッテ」(目的語+述語、O+V)の構文ができあがるのである。

しかも「～ガ」や「～ヲ」という助詞はあとにしか確立しないという。

さてここまで幼児の二語文の成立を眺めてみると、太古の私たちの二音節動詞のことが思い起こされると思う。

旧石器時代の末には、確実に原始名詞と原始動詞が活躍していたのである。それらが組みあわされて、新石器（縄文）時代に二音節動詞が造語されたことをすでに推定している。これらの成立過程はあまりにも幼児の二語文の成立と似ているように思われる。

このようなことを考慮しながら、一語文から二語文が成立する過程を眺めなおしてみることにしよう。先の大久保氏の例を引くと、

(1) 「ニャンニャ　ニャンニャ」など名詞の繰り返しは、「ハハ」（母）「チチ」（父）「チチ」（乳）「モモ」（腿）「ホホ」（頬）「ミミ」（耳）「カカ」（母）「トト」（父）「ココ」（処）「シシ」（肉）「ヤヤ」（赤児）などの古語や、幼児語「メメ」（目）「テテ」（手）「ママ」（食べ物）などに残っている。

これらは多分喃語の時期から音の繰り返しを好む心性があったり、さらに単音よりも二音のほうが安定感があるなどの要因によるのではなかろうか。

(2) 述語の部分に終助詞「ノ」や「ヨ」をつける「ホチイノ」「イヤヨ」などを幼児は使いはじめる。さらに幼児は「ネ？」と同じように「ノ？」や「ヨ！」と単独で使用することが知られている。これらの終助詞といわれるものは筆者が抽出した「原始動詞」と無関係ではなかろう。幼児が「ノ？」や「ヨ！」単独で意味を感じるのは、先の「好きよ」が「キよ」で意味が通じていたことと似ているからである。

(3)「してくれ」の意で「取って」などという幼児の用法は、太古の命令形の確立を推測させてくれる。たとえば古くは「u、i、a」など「同意、完了、呼びかけ」などの意のみであったものが、「エ」列の命令形、たとえば「為」の「セ」や「セよ」が確立していったことなどと符合するのではなかろうか。

(4) そして最後に、呼びかけ「ママ!　ブーブー」などの用法が使えるようになって、幼児は文法を持った二語文へとすすむのである。古く単音節語の時代においても「汝《な》来《こ》(よ)」などの用語がすでにあったかもしれない。

日本の幼児の二語文について興味のあることは、その文法が先に示したように「名詞」(主格であろうと目的格であろうと)+「動詞」ということである。すなわち、

「オンマ(ガ)アルノ」……S+V

「アメ(ヲ)トッテ」……O+V

というぐあいであり、しかも、S+Vのばあい、Vは自動詞、O+Vのばあい、Vは他動詞というところまで、次に示す「二音節動詞」の成立と符合しているのに気づくのである。

たとえば「生《む》す」(生まれる)と「蒸《む》す」を例に取ると、

「身《む》」(中身)が「す」(自動　ふえる)……生《む》す

「身」(中身)を「す」(他動　ふやす)……蒸《む》す

というぐあいである。

さらに二語文獲得のとき、幼児は「イクノ」「ホチイノ」というなどの新しい述語を見いだすと、語頭になる名詞「飴、ブランコ、姉」などを次から次に変えて使用していたのを思い起こしてみよう。

実はこのなかに、二音節動詞成立の秘密が隠されているようでならない。

たとえば「す」（ふえる、またはふやす）を獲得したとき、太古びとは、語頭に「汗《あ》、親《お》、皮《か》……」などをつけて、「汗・す」（汗をふやす　あす）、「親・す」（親に力を加える　推《お》す）、「皮・す」（皮をふやかす　淅《か》す）などの二音節動詞を造語していったのではないかと考えられるのである。

逆にこのような、主格も目的格も語頭に立つという造語だから、のちの多語文ができたときも、「S・O・V」という語順の伝統が守られることになったと考えられるのである。

印欧語のばあいは「S・V・O」という語順である。これは多分古い造語の時期に、「動詞」＋「目的語」という語構成がなされたと推定される。それゆえか、幼児の二語文においても、ブルーム[7]が記載するように、「no」という否定詞が使われたばあい、「no fit」（あわない）、「no dirty soap」（きたない石鹸じゃないもので洗ってほしい）、「no pocket」（ポケットにはない）、「no mammy」（ママじゃなくほかの人にやってもらいたい）などと、「no」は語頭につく。

さらに「go store」（店に行く）、「hit ball」（ボールを打つ）など、最初の二語文でも動詞が語頭に立つばあいが多い。

このことからは英語においては語頭に動詞が来る語の構成もあることが考えられ、西原忠毅[8]氏も書いておられるように、英語の語頭に次のような語が来たばあい、大方の共通した音感が得られるなどの「象徴感情」の研究も最近すすみつつある。

/r/　廻転、騒々しさ、荒っぽい、裂ける……など
/l/　滑か、流動性、弛緩、ものうい
/p/　はずみ、弾ける
/b/　強い破裂、衝撃
/t/　緊張、打叩、刺激
/d/　鈍重な、湿っぽい
/k/　堅い、角立っている
/g/　力強い、がさつ、嫌悪、苦悶
/s/　吸う、啜る
/m/　閉塞《へいそく》、沈黙、暗うつ
/n/　否定

以上記すだけにとどめるが、これらが動詞的意味を担っているのではないかと推定しておこう。なぜならこれらの象徴感情として抽出されているものが、あまりにも筆者の原始動詞の意と似かよっているからである。

いずれにしろ原始動詞――幼児の一語文でいえばまだ動詞の意として使われている時期――においては、語の意味に世界各国普遍性が見られたものが、最初の名詞やさらに二語文となると、その民族性や文法で開きが出てくることはおわかり願えたことと思う。

それではこれよりさらに普遍的と思われるもの、私たちには意味以前のものである「喃語」の問題にさかのぼってみよう。

「喃語」(言語準備期)の検討

喃語は言語や発音の準備期であり「遊び」であるとし、意味とは関連しないというのが通説なのであった。はたしてそうなのであろうか。もしそうならば一語文の「papa」―「mama」にははじめから〝遊んでほしい!〟とか〝食べ物がほしい〟などの幼児側からの普遍的な意味が負荷される理由に苦しまざるをえなくなるだろう。幼児は突如として「papa」―「mama」を発するのであり、それは訓練されたり教えられたりして出てくるものなのではなかった。

それゆえ喃語の時期に、「p」音には〝交流する〟、「m」音には〝いっぱいになる〟などの私たちが求めてきた原初的な原始動詞の意味が、幼児自身の身体から獲得されているのではないかという疑問が起こってくるのである。そしてこの身体音から大方の意味をくみとる「原始動詞」の成立過程が喃語期のもっとも大きな作業ではないかと推定されるのである。

そこでさらにくわしく〇歳から一歳までの前言語期といわれるものを眺め返してみることにしよう。平井氏[3]によると、

(1)「分化していない泣き声」(〇～一ヵ月)
(2)「泣き声に意味が伴う」(二ヵ月以降)
(3)「喃語のはじまり」(三～四ヵ月以降)
(4)「同じ音を繰り返す」(六ヵ月頃)
(5)「発音の人真似」(九～一〇ヵ月)

というぐあいに五段階に分けられるというものなのであった。

ここで「三～四ヵ月の喃語のはじまり」の時期に焦点を当ててみよう。この時期の幼児の脳の重量は五〇〇～六〇〇グラムはあり、先の北京原人の脳容量八七〇ccと比定されうるのではないかと考えられるからである。

さて喃語についてであるが、機嫌が良いときなど「ババ　ブブ」などと音を出し、確かめているようにさえ見える、あの音声のことである。私たちは原始動詞の起源の項で、すでにネアンデルタール人(旧人)が身体音から最初の「音と意味」の結合を確立した人類である

ことを知っている。三〜四ヵ月頃の幼児もまた自己の身体感覚（快、不快、空腹、痛みなど）を身体音によって認知しようと、身体に耳を澄ましたり、さらに代償として音を真似たりしているのではないかと推定されるのである。このことは次の「統合失調症考」の節でさらにくわしく記述することになろう。

六ヵ月頃になると、幼児はすでに自己の身体音を統合して、快い音を繰り返して楽しむなどの余裕を見せはじめる。このことは大方、幼児が「音と意味」を結合し、身体の快や不調などを含めて、自己の身体を音によって意味づけし統合しおわったことの証拠ではなかろうか。このようにおのれの身体音を統合してはじめて、次の外界音（とくに母親の発音）へと耳を澄ますことができるようになるのだろう。

九〜一〇ヵ月目になると外界の音の真似を始め、それを楽しむことができるようになる。それは多分「自己の身体音の意味」と「外界の音の意味」の〝交通〟が起こった証拠であろう。この接点が〝交通〟してはじめて、もともとの身体音の意味「papa」や「mama」が意味あるものとして外界（とくに母）に呼びかけられる一語文の時期が到来するのではなかろうか。人類史的にいえば、ネアンデルタール人の原始動詞の確立ということになろう。

以上のことは幼児の脳の重量の増加（一歳で九〇〇グラム）や構造（軸索や樹状突起の密度）などからも推定されるのであるが、コトバの意味としては幼児側から伝わってはこない。それゆえその検証はむしろ、「喃語の失敗」が原因と見られる「統合失調症」の項でふたたび検討されることになろう。しかし喃語の無意識的意味については、母親は確かに敏感にくみとる能力を持っているふしがある。逆に鈍感な母親が精神の病の原因をつくるなどの、ラカン(9)学派の学説は傾聴に値するものがあるからである。

最後に強調しておきたいことは、コトバは幼児側が系統発生的に獲得していくということである。これは大人が教えこんだり暗記させたりするものではなく、幼児側が自分自身の身体音を聞きとることから始まり、次に外界の意味をくみとるコミュニケーションの確立と並行して起こる。のちの教育として教えこまれる「学習としての言語」は次の項で見るごとく、その子の「精神の健康度」とはなんら関連がない。模倣や暗記言語は「精神の病」がひとたびその人に起こったとき、砂上の楼閣のごとくついえ去るものだからである。

4――統合失調症考

「コトバと心」の病の起源

前節で見てきたように幼児の言語獲得は、おのれの身体音を聞き分けることで身体や身体感覚を認知し統合するプロセスから始まるのであった。そして「身体音に原初的意味」を獲得すると、外界とのあいだに意味的な〝交通〟が行われるようになり、それが共通な意味としての「一語文」なのであった。一語文が世界各国の幼児に意味的な普遍性を持つのも、このためである。そして各国語により名詞化され、さらに二語文、多語文などへとその国の文法に従い、幼児はその民族語を話す国民となっていくのである。

しかもこの言語獲得のプロセスは、人類史的なコトバの発達の繰り返しなのでもあった。

そしてこのように「コトバや心」を正常に発達させた人びとが、いわゆる健康人なのであろう。しかし私たちは不幸にも成人したのちに、まれに小児自閉症など幼児期に「心の病」に冒された数々の「精神障害」を知っている。

本著が筆者の持つ精神科医としての眼から始まったことを思い起こしていただきたい。それゆえ本節は、「コトバと心」の病の起源の探究に当ててみたいと思う。

元来「コトバ」の研究は臨床的には、「吃音者《きつおん》」や「聾唖者《ろうあ》」さらに「失語症者」の言語など、限られたものであった。統合失調症者は思考の異常というレッテルを貼られ、なぜそのような思考が起こったのかという探究に努力が傾けられていたのである。それは言語学における意味論や起源論の貧困と軌を一にしている傾向であろう。すでに私たちは幼児の言語獲得の詳細を知っている。この失敗としての「統合失調症」ということに稿を割いてみたいと思う。

心の病のうち、もっとも重篤で他者との意味的交通を閉ざしている病がこの統合失調症である。それがクレペリンをして早発性痴呆といわしめ、ヤスパースをして〝了解不能〟といわしめた所以なのである。ブロイラーはこれを心の分裂した状態と考え、「精神分裂病」と名づけた。

これまでの精神分析学説

この病は、これまであらゆる身体学派、またあらゆる精神学派の探究をしりぞけ、その暗黒のヴェールを脱ごうとはしない。それゆえ確たる学説があるわけではなく、すべて仮説の域を出ないが、精神分析学派には治療を通じ、また症状の観察を通じて、おおよそ生後三ヵ月から六ヵ月頃の心的障害であろうという共通な認識がある。

S・フロイトは弟子のアブラハムの説などを考慮して、乳児が唇で乳を吸い、「唇」に快を求める「口愛期」[10]に原因があろうと考えていた。

メラニー・クライン学派はもっと具体的に、生後三〜六ヵ月を「妄想的、分裂的構え」と呼び、その時期に原因があろうと考えている。さらにこの時期の乳児は自分のなかに起こる「快↕不快」「安心↕攻撃」などの相反する感情を母親に投影して、空想的な「良い母」と「悪い母」とを分離していると主張する。そして六ヵ月以降の「抑うつ的構え」の時期にいたって「良い母」と「悪い母」が統合され、対象としての母親イメージができあがるというのである。

他方、ウィニコット[11][12]は、幼児の心的欲求不満と幻覚や幻想の世界に着目して、次のようにいう。

赤ん坊がオッパイを呑みたいと思ったとき、すぐには母は来るものではない。そこで過去にオッパイを吸った記憶を回想し、口をパクパクさせたりして、あたかもオッパイがあるかのごとき幻想的満足を得る。この自分対身体という赤ん坊の心的世界を「ファンタジー」(幻想)と呼ぶ。しかしこれはあくまでも幻想であり、ついにはワーッと泣きはじめるしか方法がないであろう。

ところで、母親がオッパイがほしいという乳児の記号(口のパクパクなど)を読みとってオッパイを与えたとしよう。すると赤ん坊は、自分の「幻想」が実現されたという「錯覚」(イリュージョン)を起こす。この二者関係(母と子)がのちの現実への橋渡しになるという。

このようにメラニー・クラインの不快を投影して悪い母イメージをつくる「投影的同一視」にしろ、ウィニコットの「幻想的満足」にしろ、所詮、対象(母)やおのれの身体感覚に対する非音声的なイメージであるといえよう。

ところが、ラカン学派(9)は言語や意味を優先する。たとえば「空腹、排尿排便、暑さ」などですでに幼児は泣き声の使い分けをするわけであるが、母親がそれを区別できずに、いつもミルクを与えていたとしよう。このような幼児は、母親によって意味を「排除」されたために「意味の世界」がわからなくなってしまうと彼らは主張する。

この母親の行う「意味の排除」→「自分の感情の意味が与えられない世界」が、統合失調症の世界をつくりだすと彼らはいうのである。

しかし彼らの拠りどころとする言語学が、ソシュールのそれであるため、さまざまな矛盾が含まれている。ソシュールは「音と意味は恣意的」であり、意味するもの（音形）と意味されるもの（意味内容）とには本来関連がないと主張したはずである。ラカン学派のいう「意味するものから意味を排除する」母親ということは、正確には「意味するもの（音）から意味されるもの（内容）を排除する」母親と記載するのが、筋道であろう。このように書くと、先のソシュールの命題「音と意味の恣意性」と矛盾を起こすのは明らかである。もともと「泣き声」や「喃語」など音声サインには意味がないというのが、ソシュールの命題のはずだからである。

彼らこそ、まずソシュールを乗り越えるべきだと考えられるが、言語学の壁にぶつかることをやはり避けているのであろう。このように「音と意味」に真正面から取り組んでいないためか、「意味の排除」は「母親側の側面」のみで眺められる結果に終わっている。つまり「幼児側にもともとある意味」に着目せず、母親の「鈍感さ」に統合失調症の病因が帰着させられるはめに陥ってしまった。

しかし筆者は、ラカンが「無意識は言語の構造に似ている」といい、「フロイトこそ二十世紀最大の言語学者である」とするその主張や、「意味論」を症状形成に導入した、彼の炯《けい》眼《がん》には感服するものがある。ラカン以来[13][14]、精神分析学はしだいに「コトバ」の問題に関心を示しつつあるからである。

以上のようにS・フロイト以来の統合失調症観を、メラニー・クライン、ウィニコット、ラカン学派などにしぼって眺めてきたわけである。

彼らは、いずれもまだ筆者のいう「幼児が心のなかに抱きはじめている身体音の意味」には気づいていないのがわかるであろう。それゆえか、統合失調症の病因は「悪い、鈍感な」母親のせいにされてしまいがちになるのではなかろうか。

このことは、幼児の言語獲得は母親から学習するという旧来の学習説から、精神分析学がまだ抜け出せないでいることと軌を一にしている。

ここまで眺めて、筆者の統合失調症観に移ることにしよう。それには、まず言語とはいかなるものであったかということをふり返ることから始めねばならない。

人類の言語獲得

そこで、ふたたび言語獲得の系統発生性をふり返ってみよう。身体音に意味を見いだし他者と共有できる動詞的意味を所有したのは、北京原人から始まりネアンデルタール人で完成したのではないかと推定した。

それではなぜ、人類だけが「身体音」に意味を見いだすというルビコン河を渡ったのであろうか。それは手を使ったため足で立つようになり、その結果首が肩の上に乗って可動性が増して、さまざまな音声を発音できるようになったこと、さらに集団による狩猟や採集では身ぶり言語以上のもの、つまり音声言語という高次のものが求められたということであろう。

人びとはさまざまな音声を試行錯誤していくうちに、共通な意味をいつしか「身体音」に見いだしたのであろう。たとえば心臓の音「d」音は「こわい」ときなどに耳に高く響いてくるものである。長い年月のあいだに誰かが「こわい」という意をくみとって「d」音を発したとしよう。みなも自己の心音を聞いていたから「d」音にこわいという共通の意味を見いだし、互いに「d」音を発したとすれば、これが人類のコトバのはじまりであろう。

このような人類の言語獲得をさらに詳細に検討してみよう。

まず北京原人たちは、「u、i、a」などの応答や呼びかけ、さらに笑いや悲しみなどの感嘆詞をすでに持っていたと推定している。

次に、身体音を言語として利用するには、まず身体感覚や身体感情（快・不快、空腹、こわさ……など）を身体音（こわさに対してドキドキなど心臓音）でシンボル化する能力が必要であろう。たとえば人間は「こわい」ときなど、生理的に心臓の鼓動が「ドキドキ」と鳴るものである。シンボル化とはこの「ドキドキ」の音に対して逆に「こわい」という感情を呼び起こすなど、「部分＝全体」または「結果＝原因」と述べた意味論の「連続の原理」に基づく換喩のことである。

現代人でも「胸に手を当てて考えてみろ!」とか「胸さわぎがする」や「胸がときめく」など、やはり本当の心とか本音などは身体音「ドキドキ」に求めているところがあるものである。このような身体感覚を身体音でキャッチし、「こわい」というようなイメージや感情をシンボル化させる能力というのが、最初の言語の芽といえよう。

さらに身体音やそれに含まれる感情・感覚などを「音声」で代理し、他者に伝える能力が必要だと考えられる。ここには二つの過程があるそうである。まず自分の身体音やそこにあるもろもろの感情を、身体音に近い音声(こえ)で隠喩する能力が必要であろう。つまり、身体音と似た音声とを「類似の原理」で、同じものと錯覚する意味論的な隠喩が必要ということである。

次に、他者の発する音声「ドキドキ」とあわせて、こちらも「ドキドキ」と鳴ったとき、その「ドキドキ」のなかに先の心臓音やこわさという共通な感情を感じる意味的〝交通〟が必要であろう。

その後、たんに他者の「ドキドキ」に、「こわい」とか「逃げよう」というコトバとしての意味が感じられるようになるのであろう。

そして最後に、おのれが「こわか」ったり、「ドキドキ」したとき、コトバとしての「d」音が他者にコミュニケーションとして発せられるようになるはずである。

以上のコトバの誕生をまとめてみると、図3のようになる。

ここで大切なことはのちの転義やコトバの造語の法則として重要であった、シンボル化（換喩）や類似性による隠喩がすでに芽生えているということである。さらに身体や身体音が音声を介して他者へと投げかけられたり、他者から取り入れられたりする〝交通〟のなかには、のちの身体名の外界への命名や取り入れなど、名詞の転義の芽も含まれているということである。

このような人類の言語獲得は、「幼児のコトバの獲得」とどのようにかかわるのであろうか。喃語から検討してみることにしよう。

なぜならば、三〜四ヵ月頃から始まる喃語期は、先に述べた諸家の統合失調症ポジションと時期的に一致しているからである。

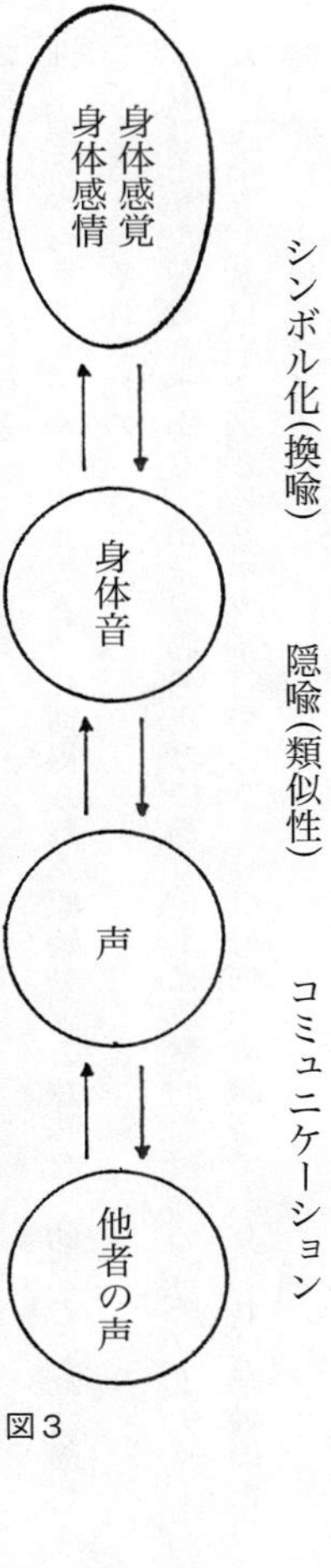

図3

喃語のはじまりと身体音

北京原人からネアンデルタール人までに獲得された原始動詞の意味を、幼児のそれに移し返してみると、それぞれの「音」は、

pは平和な呼吸音であり、mは満腹の喜びであり、tは攻撃的な授乳の音チューチューなどであり、gは喉を過ぎる音やグル音であり、dは恐怖の心臓音であり、nは呼吸停止時の発音……などであろう。

幼児は三ヵ月目の喃語のはじまり頃から、さまざまな身体音を不思議がり、それに注目しはじめ、しだいに音と身体の快・不快などの感覚に連続性を見いだしはじめるであろう。

ここでドアがバタンと閉じたり、物がドーンと落ちてきたときなどの外界の異変が起こったことを想定してみよう。外界の「オト」で赤ん坊はびっくりして身体をびくつかせ、次に心臓が「ドキドキ」と鳴るのを知るであろう。彼は「オト」を聞いたとして、また物を目で見たとしても、なおその意味は識別できない。しかし彼はおのれの心臓音「ドキドキ」に敏感に反応し、「こわい」という感情をいだき泣きだすであろう。これが「d」音に「こわい」という意味を見いだす、原初的意味づけであろう。

泣きつづけて疲れて気づいてみると、平和な呼吸音「p」が聞こえているにちがいない。彼は「p」に、〝安心感〟をいだくであろう。お腹がすくと「グルグル」など「g」音を感じ、「ムッムッ」などウィニコットのいうように口をパクパクさせて「m」（満腹）や、「チ

ユーチュー」など授乳の「t」を出して仮の満足を得るのかもしれない。このように身体音はしだいに意味を鮮明にし、逆にその音を発音（喃語）することで幻想や代理満足が得られるようになるという系列が完成してくるのだろう。生後六ヵ月目の乳児は、すでに快音「pやm」をみずから出して楽しむようになるなどがあるからである。

このように身体音に意味を見いだし自分でも発音しえた幼児は、次には外界の音に注意が向くのであろう。

ここで、クジラに呑みこまれたピノキオの話を思い起こしてみよう。

三ヵ月目くらいの幼児は、自己の身体内部の身体音や身体感覚にびくつき、驚き、不安でやるせない時を過ごしていると想像されるのである。ピノキオはクジラの胃のなかでグルグルという音にびっくりし、心臓のドキドキに耳をふさいだであろう。最後に肺に入りハクションというくしゃみとともに外に投げ出されるのであるが、彼の不安をやわらげるかのようにピノキオはクジラの身体のなかでおじいさんに会えたのである。

このピノキオの話は三〜六ヵ月の乳児の心理をシンボリックにあらわしているといえる。乳児もこのように自分の身体音と感覚を一致させながら、さらに音声として外界へも発音できるようになることは、自己の身体をポジティブに統合できるようになることと並行していよう。ピノキオが探検したクジラの体内は彼自身の身体であり、それを知りつくして外に出たことは、ほかならぬ木製の人形から人間の子として生まれ変われる条件だと考えられる。確かにピノキオは神さまから人間の子にしてもらい、おじいさんの息子になることができたのである。

統合失調症の身体と外界

諸家のいうように統合失調症のポジションが生後三～六ヵ月間の、対母(外界)や対身体関係だとすれば、この期間は先に述べたおのれの身体感覚や身体感情を身体音でシンボル化する時期から、六ヵ月目の〝快〟の身体音を喃語(こえ)で真似する時期ということができよう。

統合失調症の身体症状や対象関係を観察すると、彼らは第一の身体感覚を身体音でシンボル化することに失敗した人びとのように見える。もしシンボル化できているならば、さまざまの身体音を聞いたとき、それに伴った身体感覚や感情を理解し、そうすることによって身体全体への安心感や統合をある程度はかることができるはずだからである。

ところが統合失調症者の身体は「不気味なもの、見知らぬ異郷」のままなのである。たとえば、彼らは身体のことを「脳が腐っている」とか「腹に、誰かがいる」などと〝了解不能〟な意味づけをしているのである。

再度、彼らの身体音について、先の物がドーンと落ちてきたときの心臓音「ドキドキ」のことを例に取って考えてみよう。ドーンと落ちて「ドキドキ」と高鳴ったとき、「ドキドキ」が「こわい」感情を代理していないため、普通なら生理的に「ドキドキ」がやむと「こわい」感情も解消するはずなのに、彼らには、「こわい」感情だけがいつまでも持続するだろう。さらにまずいことには「ドキドキ」＝「こわい」が換喩していないために、意味が摑めず、身体への奇妙な意味づけやイメージを持ったり、他方では「ドキドキ」を起こした「ドーン」という物音に奇妙な不気味な意味づけをするようになるのであろう。

さらに、実際彼らの身体から一次的な感覚や感情が起こったとしても、次いで起こる身体音「ドキドキ」で意味が見いだせないから、逆に外界で「こわい」ことや「意味のわからない異変」が起こったと幻想されるにちがいあるまい。

これを図4として図示してみよう。彼らは内外の刺激や音に対していつも〝奇妙な〟という形容詞をつけることになると考えられる。

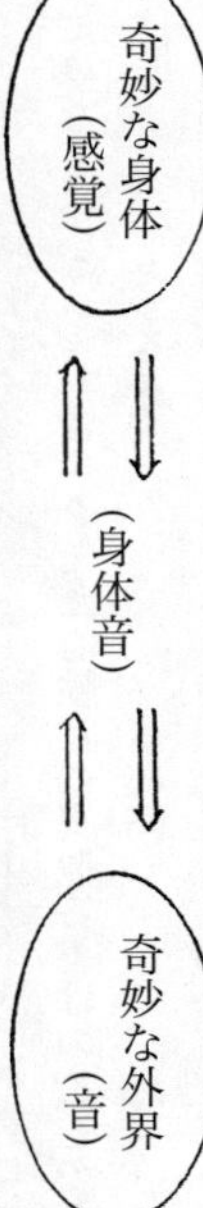

図4

これは、彼らが奇妙な内外の意味の世界に生きているということであろう。

たとえば、母親とそのやさしい声が聞こえたとしても、身体音がシンボル化されないように、やさしさとその声は結びつかないだろう。たとえ母親の行為を受け入れたとしても、ただ不快を取りのぞいてくれる機械にしか映るまい。しかもそれはその場だけの道具であり、「対象」としての意味を持ったり「時間の連続性」などは起こりはしまい。

次に自分が自動的に喃語をしゃべったとしよう。そして心臓音の「ドキドキ」を発音しえたとしても、それは同じ音を空しく遊ぶだけで、「ドキドキ」の声にはなんの意味も持たされることにはなるまい。これは声をただ心臓音に真似るだけのことであり、意味のない類似性による空しい遊びといえよう。

このように統合失調症のコトバは身体感覚の身体音によるシンボル化の失敗が根元にあるのであるが、しかし彼らにも真似や模倣言語としての空しい「遊び」（類似性の原理）は残されているのである。

統合失調症の症状

そして、シンボル化の欠落のまま、ただ「真似」により生きる統合失調症者は、ついに本能衝動などが高ぶると、「真似」のコトバは崩れ去り、ふたたび意味を持たなくなり、人生早期の統合失調症ポジションに転落してしまい、さまざまな症状を露呈することになるのであろう。

まず内外の刺激は心音「ドキドキ」などを引き起こすが、「ドキドキ」の意味がわからないため、内外に奇妙な意味づけ（体感幻覚や妄想着想や妄想気分）をいだくのであろう。これらのゆがんだイメージや思考は、先に見たように内のものは外に漏れ（思考伝播《でんぱ》）、考えが抜き取られる（思考奪取）のであろう。

逆に自分の思考や考えは、音声（こえ）との混同が起こり、声となって聞こえ（思考化声）、他者から吹きこまれた（思考吹入）と信じるようになる。これらはまた「幻聴」として彼をおびやかすのであろう。

このような異常体験の世界に統合失調症者は住んでいるわけであるが、おおむね被害妄想の世界を系統だてていることが多い（系統妄想）。

しかしまれに、身体のうち快音「p」や「m」を口唇とか陰部などに空想的に関連させて誇大的な意味づけをする患者たちもいる。いわゆる誇大妄想を持つ患者たちであり、「ひとり笑い（空笑）」や「恋愛妄想」のなかに浸っているのである。

そして、統合失調症のコトバが崩れていく姿は、急性期や緊張病の「支離滅裂」や「コトバのサラダ」のなかに見いだすことができる。しかし、慢性期や破瓜《はか》型ではコトバは意味のない身体音との対話（独語）を残すのみとなる。ときに真似言語は、いったことを真似る「反響語」や同じことを繰り返す「常同行為」のなかに見え隠れすることがある。

統合失調症の原因

統合失調症の原因については、すでに身体感覚を身体音でシンボル化できない人たちであると述べた。これは患者側の三〜六ヵ月における喃語の失敗に起因するものであった。しかし二ヵ月を過ぎる頃すでに幼児は母に対して泣き声を区別して、空腹や不快などを訴えるといわれているのである。

もし母親が鈍感でその区別がわからずじまいだと、幼児はラカンのいう「意味の与えられない世界」にとどまらざるをえないかもしれない。自分の出した信号（泣き声）に母親のやさしさやその声という反応が返ってきたならば、母の声はそのやさしさと結びつき、つまりシンボル化の芽が育てられるかもしれないからである。

このことと、自己の身体音のシンボル化とが並行して起こるのかどうかが、次に問題となるであろう。幼児の興味が本来外界の音や声にあるのか、それとも内界の身体音にあるのかがそれを解くカギであろう。

そこで幼児はすでに母の胎内にいるときから、母親の心臓音や平和な呼吸音を聞き知っていて、その音に一喜一憂しているという事実をあげておこう。このことは幼児が内界の音にすでにはじめから慣れ親しんでいるという証拠であろう。このように乳児はやはり身体音に依存していると考えられるのである。

しかし敏感な母親が泣き声などの信号を早くくみとって的確に援助してくれるならば、乳児のシンボル化は促進されることもまちがいない事実であろう。ただしあまりにも敏感すぎて過保護すぎると、先の快音「p」や「m」で代理満足する自己の身体や音に対する確信の芽がそがれてしまう結果にもなるだろう。

だからといって鈍感な母親ならば、幼児の身体音や外界（母）に対する意味づけにゆがみを生じさせることも事実であろう。このように母親側の過保護や鈍感さは確かに病因となりうるが、それは「必要条件」であり「十分条件」ではなさそうである。要は幼児自身が「身体感覚を身体音でシンボル化させうるようになれるかどうか」ということである。

最近注目されるようになった自閉症児などの母親に、この時期の育児の感想をきくと、口をそろえて「おとなしい子」「良い子」「手のかからぬ子」であったということが多い。このようなことからうかがえることは、幼児側がもともと母親に欲求を求めない子ではなかったかということである。そしてそのような子は母親の行為に対して喜ぶなどの反応もまた少ないといわれている。このような求めず反応せずの子は、逆に母親の母性性を引き出す能力にも欠けることになり、母―子の悪循環が繰り返される結果に導かれるのではあるまいか。

母性性とは、母親側の「音に対する意味」（原始動詞）想起のことであろう。それゆえ、母親教育とはこのことを抜きにしては考えられないといえる。それにはまず乳児が発する「泣き声」から始まり「喃語」や「一語文」などを聞く能力が求められる。さらにみずからが声として発し、幼児の喃語と意味的に〝交通する〟までの発声能力が次に求められるであろう。

そしてこのプロセスは、幼児側がコトバを身体音から聞きとり、声に変え、外界と交通するまでのプロセスと並行して起こると考えられる。

このことは、母親自身がおのれの通った幼児期の「音と意味」をふたたび呼び覚ますプロセスでもあろう。

統合失調症が第一子と末子に多いことはよく知られている事実である。第一子は母親の不慣れや鈍感さのせいかもしれないし、末子は過保護などによって自我の芽をつまれた結果かもしれない。

このように母—子関係は統合失調症の原因となりうると考えられるのである。

統合失調症の精神療法

最後に、統合失調症の治療のうち精神療法について述べておくことにしよう。治療は当然、言語に対してなされるべきであるから、ここで再度その特徴を要約してみることにしよう。

(1) 身体感覚を身体音でシンボル化できていない。

(2) 真似言語など隠喩は保存されている。

さて、このような(1)(2)の特徴をふまえてみると、まず、パンコフが先に述べた「身体像の回復[15]」やセシュエーがいった「象徴的実現[16]」、さらにシュヴィングの「母なるもの[17]」、フロム・ライヒマンの「聞き入ること[18]」がいかに大切かを知らされると思う（第一章参照）。

これらは、身体や身体感覚のシンボル化やさらに音声での隠喩に役立つことに変わりがないからである。それゆえ、統合失調症の精神療法は、まず身体の非言語的象徴化などが試みられるべきであろう。たとえば、絵画、陶芸、音楽……などがあげられる。次に、身体のぐあいがコトバによって語られるという方向が望まれる。

治療者側はまず「聞き入る」ことから始め、おのれの感情や援助を、端的なコトバで投げかける必要がある。コトバはできるだけ動詞を使い、比喩はわかりやすい隠喩（類似性）を用いるべきである。慢性の患者でも、「隠喩」の能力は残されていることが多いからである。

この「隠喩」能力を維持させるために、単調な繰り返し作業が有効なばあいもある。

以上が筆者の長年の統合失調症治療から得られた治療観であるが、最後に一、二症例を示しておこう。いずれもどうにもならないと思われていた長期慢性統合失調症である。

〈症例　K・O　接枝統合失調症　♂　三七歳〉

四年前に筆者が受け持ったときには、アクビが他人に盗まれる、声が取られるという被害妄想の世界に浸っていた。そのような症状が起こったといって、ナースの詰め所にどなりこんでくるのが常であった。

筆者が主治医となって長らく彼のいうことを聞いているうちに、しだいに訴えるサインが変わっていくのが見られた。

いまでは「パチ、パチ」といって目くばせし、「わかる？」と尋ねる。次に「ペチャ、ペチャ」と口唇と舌で音を立て、最後に「ゴックン」と喉を鳴らす。筆者はいつも彼と同じ動作をし音を出して答えることにしている。彼はニコニコとして「病気なおしてくださいよ。全部！」という。どこが病気かねと尋ねると、「太い声が出る。考えごとしていても太い声になって伝わる」というように、「思考伝播」や「思考奪取」のなかにいるが、詰め所にどなりこむようなことはなくなった。

この患者のばあい、四年前は不快音「アー」という「アクビ」の音が他人に奪われたり、取られたりするという、不快音の外界への投影（悪い母＝メラニー・クライン）から、現在では治療者への好意を「パチ、パチ」（ウインクのしぐさ）や「ペチャ、ペチャ」（口唇＝p音）で表現し、最後にそれらを「ゴックン」という呑みこんで満足を意味する表現であらわすように変わったといえる。

あくびの「アー」などは退屈や嫌悪の音であるから、不快↓快へと表出する身体音に変化が起こったといえよう。このようにしだいに身体音が彼の身体感覚や感情をシンボル化させ、意味化させるようになってきたのは、多分筆者が繰り返し、彼の「声」を真似るなど隠喩を育ててきたからだろうと考えられる。なおまだ自他の区別がつかないから、思考は他者に漏れてしまい苦痛な世界に生きてはいるが、このケースは「身体音」を筆者に考えさせてくれる、良い例となった。

〈症例　M・M　♂　二九歳〉

この例では筆者は彼のしゃべることを、すべて漏らさず彼の目の前でカルテに書きこむことにしている。いま読み返しても、抽象名詞が多く、動詞が単調である。ときには、彼にしか通用しない「新語」をつくり、自分の病気のことを「ピエートロ病」などという。

治療の終わりに「退院させてください」というのが口ぐせであるが、兄さんの「M・Aさんがよいといったら、退院してよろしい」と筆者は答えることにしている。すると「M・Aが退院していいといったら、いいんですね」と彼はいい、「先生もう一度いってください」と催促する。

それゆえ「M・Aさんが退院していいといったら退院です」と答えると、彼は納得するのである。このようなコトバの繰り返しを続けているうちに、少しずつ彼は隠喩が使えるようになってきた。

たとえば、「先生も、うれしいことはうれしいでしょう、僕もだから退院したいんですよ」というように、治療者を自分の立場に置かせて、考えさせようとするなどである。彼も同じくコトバが増えはじめ、しだいに自分の身体に目を向け、身体症状も訴えられるようになってきた。

「僕は頭を机のフタで叩かれたことがあります。だから鼻が悪い。目に来ます。それと思いが悪いです。疲れることが病気です。頭が水っぽくなることがあるんです。血を清潔にする薬をください……」などである。

もちろん身体に対する意味づけは、歪曲され、ときどき被害的になって「先生は僕が疲れるといったら疲れる薬を出すし、血が悪いといったら血を悪くする薬を出す」などと、不快を治療者の薬のせいにすることもある。しかし治療者がとくに心の余裕があって彼の話がよく聞けたあとなど、「先生は聞き方がうまいですね」といい、こっそりほかの患者に、インタビューのときはいったことをカルテにそのまま書いてくれると、豊永先生にはいったほうが良い……などと教えてまわっている。

この患者との関係で、コトバの隠喩（繰り返し）の重要性を教わったような気がしている。

このように「隠喩」を育てながら、身体に目を向けさせるような方法もあっていいのではなかろうか。すると、先に述べたような、ゆがんではいるが「ピエートロ病」などの名詞（シンボル）化が起こることもあるのである。

注

〈第一章〉

(1) 豊永武盛「離人症の研究」『精神分析研究』十五(四)、一九六九年
(2) G・ムーナン『ソシュール』大修館書店、一九七〇年
(3) F・D・ソシュール『言語学序説』勁草書房、一九七六年
(4) K・ヤスペルス『精神病理学総論』岩波書店、一九六三年
(5) S・フロイド『フロイド選集』日本教文社、一九六四年
(6) G・シュヴィング『精神病者の魂への道』みすず書房、一九七八年
(7) M・セシュエー『分裂病の少女の手記』みすず書房、一九七八年
(8) F・F・ライヒマン『積極的心理療法』誠信書房、一九六四年
(9) G・パンコフ『身体像の回復』岩崎学術出版社、一九七〇年
(10) D・クリスタル『幼児のことばと言語学』南雲堂、一九八〇年
(11) D・マクニール『ことばの獲得』大修館書店、一九八一年
(12) 大久保愛『幼児のことばと知恵』あゆみ出版、一九七五年
(13) 橋本進吉『古代国語の音韻に就いて』岩波書店、一九八〇年
(14) 村山七郎『日本語の研究方法』弘文堂、一九七四年
(15) 田桐大澄「音表象について」『立教大学研究報告』第一号・一五〜三一ページ、一九五六年
(16) 松岡武「コトバと象徴」『コトバの科学』3「コトバの心理」、一九五八年
(17) 市川浩『精神としての身体』勁草書房、一九七六年
(18) 吉田金彦『上代語助動詞の史的研究』明治書院、一九七二年

〈第二章〉

(1) S・ウルマン『言語と意味』大修館書店、一九八〇年
(2) E・リーチ『文化とコミュニケーション』紀伊國屋書店、一九八一年
(3) J・フレイザー『金枝篇』岩波書店、一九七九年
(4) 池上嘉彦『意味論』大修館書店、一九七九年
(5) 大塚敬節『漢方医学』創元医学新書、一九八一年
(6) 服部正明『古代インドの神秘思想』講談社現代新書、一九八〇年
(7) 藤堂明保『漢語と日本語』秀英出版、一九七九年
(8) 豊田国夫『日本人の言霊思想』講談社学術文庫、一九八〇年

〈第三章〉

(1) 大野晋『日本語をさかのぼる』岩波書店、一九七六年
(2) 阪倉篤義『日本語の語源』講談社現代新書、一九七九年
(3) 鈴木敏昭「言語の獲得」岩波講座『日本語』別巻、一九七八年
(4) R・ヤーコブソン『失語症と言語学』岩波書店、一九七六年
(5) 吉田金彦『日本語語源学の方法』大修館書店、一九七六年
(6) 土居健郎『「甘え」の構造』弘文堂、一九七六年
(7) 豊永武盛『「コトバと心」の起源』自費出版、一九八一年
(8) 中西進『古典と日本人』弥生書房、一九八一年
(9) 吉田金彦『上代語助動詞の史的研究』明治書院、一九七二年

〈第四章〉

(1) 吉田金彦『日本語語源学の方法』大修館書店、一九七六年

(2) 阪倉篤義『語構成の研究』角川書店、一九七八年

(3) 井上光貞他『日本の歴史1』中央公論社、一九七五年

(4) 折口信夫『折口信夫全集』中央公論社、一九七四年

(5) 岩田慶治『カミの人類学』講談社、一九七九年

〈第五章〉

(1) 大野晋『日本語の文法を考える』岩波書店、一九七八年

(2) 『職員令集解』の「鎮魂」の条に、「苦し痛き処あらば、茲《こ》の十宝を合せて、一《ひ》、二《ふ》、三《み》、……、十《とを》と云《いひ》て布留部《ふるへ》、由良由良止布留部《ゆらゆらとふるへ》。かくのごとくなさば、死んでも生きかへらむ」とあるが、ここに「日《ひ》、吹《ふ》見《み》よ。……忌《い》むな汝《な》や、来《こ》この鳥《と》を」という古い呪文の影が残されているようでならない。このことは「いろは」歌が、数詞「い、ろ、は、……」と用いられるとき、古い歌詩「色は匂へど……」が意味を失ってしまうように、数詞「ひ・ふ・み・よ」は古く病の祈願歌だったと思われる。

(3) 八幡一郎他『考古学講座3先史文化』雄山閣、一九七八年

(4) 大野晋「日本語の成立」『日本語の世界1』中央公論社、一九八〇年

(5) 鈴木尚『骨』学生社、一九七七年

(6) 今西錦司他「人類の誕生」『世界の歴史1』河出書房新社、一九七九年

(7) 角田忠信『日本人の脳』大修館書店、一九七八年

(8) 江上波夫『騎馬民族国家』中公新書、一九八〇年

(9) 柳田国男『柳田国男集』筑摩書房、一九八〇年

〈第六章〉

(1) 吉沢典男『子どもの成長とことばの獲得』国土社、一九七一年
(2) 村田孝次『幼児の言語発達』培風館、一九七三年
(3) 平井昌夫『幼児のコトバ』日本文化科学社、一九六六年
(4) E・オクサール『言語の習得』大修館書店、一九八〇年
(5) 大久保愛『幼児のことばとおとな』三省堂選書、一九七七年
(6) E・H・レネバーグ『言語の生物学的基礎』大修館書店、一九七七年
(7) L・ブルーム『文法の獲得』大修館書店、一九八一年
(8) 西原忠毅『音声と意味』松柏社、一九七九年
(9) J・ラカン『エクリI・II・III』弘文堂、一九七二〜八一年
(10) H・スィーガル『メラニー・クライン入門』岩崎学術出版社、一九七九年
(11) D・W・ウィニコット『情緒発達の精神分析理論』岩崎学術出版社、一九七九年
(12) D・W・ウィニコット『遊ぶことと現実』岩崎学術出版社、一九七九年
(13) M・マノーニ『症状と言葉』ミネルヴァ書房、一九七五年
(14) F・ドルト『少年ドミニクの場合』平凡社、一九七七年
(15) G・パンコフ『身体像の回復』岩崎学術出版社、一九七〇年
(16) M・セシュエー『分裂病の少女の手記』みすず書房、一九七八年
(17) G・シュヴィング『精神病者の魂への道』みすず書房、一九七八年
(18) F・F・ライヒマン『積極的心理療法』誠信書房、一九六四年

本書の原本は一九八二年に小社より『あいうえおの起源
――日本語の謎は解かれた』として刊行されました。

豊永武盛（とよなが・たけもり）

1938年福岡県生まれ。九州大学医学部卒業。精神病理学，精神分析学を学ぶ。福岡県精神病院協会理事，日本精神病院協会代議員などを歴任。日本精神分析学会会員。現在，医療法人豊永会飯塚保養院理事長。
著書に『「コトバと心」の起源』などがある。

講談社学術文庫

定価はカバーに表示してあります。

あいうえおの起源《きげん》
身体《しんたい》からのコトバ発生論《はつせいろん》
豊永武盛《とよながたけもり》

2019年4月10日　第1刷発行

発行者　渡瀬昌彦
発行所　株式会社講談社
東京都文京区音羽2-12-21 〒112-8001
電話　編集（03）5395-3512
販売（03）5395-4415
業務（03）5395-3615
装　幀　蟹江征治
印　刷　株式会社廣済堂
製　本　株式会社国宝社
本文データ制作　講談社デジタル製作

ISBN978-4-06-515488-5

「講談社学術文庫」の刊行に当たって

これは、学術をポケットに入れることをモットーとして生まれた文庫である。学術は少年の心を養い、成年の心を満たす。その学術がポケットにはいる形で、万人のものになることは、生涯教育をうたう現代の理想である。

こうした考え方は、学術を巨大な城のように見る世間の常識に反するかもしれない。また、一部の人たちからは、学術の権威をおとすものと非難されるかもしれない。しかし、それはいずれも学術の新しい在り方を解しないものといわざるをえない。

学術は、まず魔術への挑戦から始まった。やがて、いわゆる常識をつぎつぎに改めていった。学術の権威は、幾百年、幾千年にわたる、苦しい戦いの成果である。こうしてきずきあげられた城が、一見して近づきがたいものにうつるのは、そのためである。しかし、学術の権威を、その形の上だけで判断してはならない。その生成のあとをかえりみれば、その根は常に人々の生活の中にあった。学術が大きな力たりうるのはそのためであって、生活をはなれた学術は、どこにもない。

開かれた社会といわれる現代にとって、これはまったく自明である。生活と学術との間に、もし距離があるとすれば、何をおいてもこれを埋めねばならない。もしこの距離が形の上の迷信からきているとすれば、その迷信をうち破らねばならぬ。

学術文庫は、内外の迷信を打破し、学術のために新しい天地をひらく意図をもって生まれた。文庫という小さい形と、学術という壮大な城とが、完全に両立するためには、なおいくらかの時を必要とするであろう。しかし、学術をポケットにした社会が、人間の生活にとってより豊かな社会であることは、たしかである。そうした社会の実現のために、文庫の世界に新しいジャンルを加えることができれば幸いである。

一九七六年六月

野間省一

ことば・考える・書く・辞典・事典

日本語はどういう言語か
三浦つとむ著（解説・吉本隆明）

さまざまな言語理論への根底的な批判を通して生まれた本書は、第一部で言語の一般理論を、第二部で膠着語とよばれる日本語の特徴と構造を明快かつ懇切に論じたものである。日本語を知るための必読の書。

43

考え方の論理
沢田允茂《のぶしげ》著（解説・林 四郎）

日常の生活の中で、ものの考え方やことばの使い方は非常に重要なことである。本書は、これらの正しい方法をわかりやすく説いた論理学の恰好の入門書であり、毎日出版文化賞を受けた名著でもある。

45

論文の書き方
澤田昭夫著

論文を書くためには、ものごとを論理的にとらえて、それを正確に、説得力ある言葉で表現することが必要である。論文が書けずに悩む人々のために、自らの体験を踏まえてその方法を具体的に説いた力作。

153

中国古典名言事典
諸橋轍次《もろはしてつじ》著

人生の指針また座右の書として画期的な事典。漢学の碩学が八年の歳月をかけ、中国の代表的古典から四千八百余の名言を精選し、簡潔でわかりやすい解説を付したもの。一巻本として学術文庫に収録する。

397

文字の書き方
藤原 宏・氷田光風編

毛筆と硬筆による美しい文字の書き方の基本が身につく。用具の選び方や姿勢に始まり、筆づかいから字形まで、日常使用の基本文字についてきめ細かに実例指導をほどこし、自由自在な応用が可能である。

436

論文のレトリック　わかりやすいまとめ方
澤田昭夫著

本書は、論文を書くことはレトリックの問題であるという視点から、構造的な論文構成の戦略論と、でき上るまでのプロセスをレトリックとして重視しつつ論文の具体的なまとめ方を教示した書き下ろし。

604

ことば・考える・書く・辞典・事典

日本の文章

外山滋比古《とやましげひこ》著（解説・富岡多恵子）

日本語の根源的問題を扱った画期的文章論。英文学・英語教育に精通する著者が、外国語と日本語の文章を対等に比較・客観視して日本語のあるべき真の姿を解明。学者的直観と先見に溢れた好著である。

648

大阪ことば事典

牧村史陽《しよう》編

最も大阪的な言葉六千四百語を網羅し、アクセント、語源、豊富な用例を示すとともに、言葉の微妙なニュアンスまで詳しく解説した定評ある事典。巻末に項目検出索引、大阪のしゃれことば一覧を付した。

658

ドイツ語とドイツ人気質

小塩《おしお》　節《たかし》著

ドイツ語に深い愛を寄せつつ率直かつ平明にその特徴を解析し、頑強・明快・重厚なドイツ精神を浮き彫りにする。日常のドイツ語からドイツ人気質をさぐり、日本とはおよそ異質な文化世界への扉を開ける書。

825

レトリック感覚

佐藤信夫著（解説・佐々木健一）

日本人の言語感覚に不足するユーモアと独創性を豊かにするために、言葉の〈あや〉とも呼ばれるレトリックに新しい光をあてる。日本人の立場で修辞学を再検討して、発見的思考への視点をひらく画期的論考。

1029

レトリック認識

佐藤信夫著（解説・池上嘉彦）

古来、心に残る名文句は、特異な表現である場合が多い。黙説、転喩、逆説、反語、暗示など、言葉のあやの多彩な領域を具体例によって検討し、独創的な思考のための言語メカニズムの可能性を探る注目の書。

1043

言語・思考・現実

B・L・ウォーフ著／池上嘉彦訳

言葉の違いは物の見方そのものに影響することを実証し、現代の文化記号論を唱導したウォーフの主要論文を精選。「サピア＝ウォーフの仮説」として知られる言語と文化について鋭い問題提起をした先駆的名著。

1073

ことば・考える・書く・辞典・事典

佐藤信夫著（解説・佐々木健一）
レトリックの記号論
記号論としてのレトリック・メカニズムとは。我々を囲む文化は巨大な記号の体系に他ならない。微妙な言語現象を分析・解読するレトリックの認識こそ、記号論の最も重要な主題であることを具体的に説いた好著。

1098

菊地康人著
敬語
日本語の急所、敬語の仕組みと使い方を詳述。尊敬語・謙譲語・丁寧語など、日本語ほど敬語が高度に発達している言語はない。敬語の体系を平明に解説し、豊富な用例でその適切な使い方を説く現代人必携の書。

1268

M・J・アドラー、C・V・ドーレン著／外山滋比古・槇　未知子訳
本を読む本
知的かつ実際的な読書の技術を平易に解説。読書の本来の意味を考え、読者のレベルに応じたさまざまな読書の技術を紹介し、読者を積極的な読書へと導く。世界各国で半世紀にわたって読みつがれてきた好著。

1299

小松英雄著（解説・石川九楊）
いろはうた　日本語史へのいざない
千年以上も言語文化史の中核であった「いろはうた」に秘められた日本語の歴史と、そこに見えてくる現代語表記の問題点。言語をめぐる知的な営為のあり方を探り、従来の国文法を超克した日本語の姿を描く一冊。

1941

菊地康人著
敬語再入門
現代社会で、豊かな言語活動と円滑な人間関係の構築に不可欠な、敬語を使いこなすコツとは何か？　豊富な実例に則した百項目のQ&A方式で、敬語の疑問点を解説。敬語研究の第一人者による実践的敬語入門。

1984

新島　繁著（解説・片山虎之介）
蕎麦の事典
故・司馬遼太郎が「よき江戸時代人の末裔」と賞賛した市井の研究者によって体系化された膨大な知見。蕎麦の歴史、調理法、栄養、習俗、諺、隠語、方言――あらゆる資料を博捜し、探求した決定版〈読む事典〉。

2050

ことば・考える・書く・辞典・事典

関西弁講義
山下好孝著
読んで話せる関西弁教科書。強弱ではなく高低のアクセント（≒声調）を導入してその発音法則を見出し、文法構造によるイントネーションの変化など、標準語とは異なる独自の体系を解明する。めっちゃ科学的。
2180

タブーの漢字学
阿辻哲次著
はばかりながら読む漢字の文化史！「且」は男性、「也」は女性の何を表す？「トイレにいく」が「解手」となるわけ——。豊富な話題をもとに、性、死、名前、トイレなど、漢字とタブーの関係を綴る会心の名篇。
2183

記号論Ⅰ・Ⅱ
ウンベルト・エーコ著／池上嘉彦訳
記号とは何か。記号が作り出されるとはどのようなことか。ベストセラー『薔薇の名前』の背景にある、言語、思想、そして芸術への、意味作用とコミュニケーションをめぐる、統合的かつ壮大な思索の軌跡！
2194・2195

落語の言語学
野村雅昭著
なぜ、「ことば」だけで笑えるのか。「マクラ」や「オチ」の機能と構造とは。落語と一般の言語行動はどう違うのか。志ん生、文楽から、小三治、志らくまで、多彩な実演を分析し、特異な話芸の構造と魅力を解明。
2198

五十音引き中国語辞典
北浦藤郎・蘇　英哲・鄭　正浩編著
親字を日本語で音読みにして、あいうえお順で配列。だから、中国語のピンインがわからなくても引ける！「家」は普通「jiā」で引くが、本書では「か」。初学者に親切な、他に類のないユニークな中国語辞典。2色刷。
2227

雨のことば辞典
倉嶋　厚・原田　稔編著
甘霖、片時雨、狐の嫁入り、風の実……。日本語には雨をあらわすことば、雨にまつわることばが数多くある。季語や二十四節気に関わる雨から地方独特の雨のことばまで、一二〇〇語収録。「四季雨ごよみ」付き。
2239